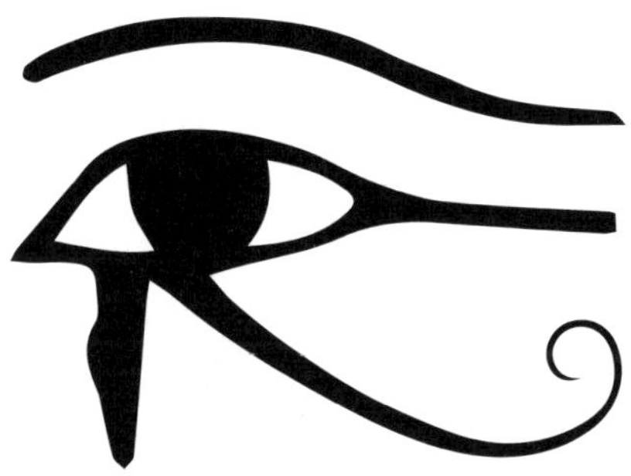

« Laissez-vous guider – Les Merveilles de l'Égypte Antique »
est issu de l'émission « Laissez-vous guider », diffusée par France 2
conçue et produite par Morgane Production,
Prod et Compagnie, Kisayang et Carpo 16,

Une émission
Écrite par Valérie Amarou avec la collaboration de Mathilde Hamet
Réalisée par Julien Faustino

STÉPHANE BERN LORÀNT DEUTSCH

LES MERVEILLES DE L'ÉGYPTE ANTIQUE

LAISSEZ-VOUS GUIDER

Michel LAFON

AVANT-PROPOS

Pour la première fois, « Laissez-vous guider » vous entraîne hors de nos frontières, à plus de 3 000 kilomètres de la France ! Stéphane Bern et Lorànt Deutsch quittent en effet notre pays pour l'Égypte, berceau de l'une des plus mystérieuses et captivantes civilisations de l'Histoire, née il y a 5 000 ans. En leur compagnie, vous descendrez la somptueuse vallée du Nil, parsemée de sites époustouflants surgis des sables.

Vos deux guides vont redonner vie aux ruines les plus grandioses afin de vous faire découvrir la civilisation pharaonique comme vous ne l'avez jamais vue, partager la vie quotidienne des anciens Égyptiens, qu'ils soient paysans, prêtres ou rois, savourer les fastes de la cour dans les palais de Memphis, vous cultiver dans la Grande Bibliothèque d'Alexandrie, sans oublier de pénétrer dans les mystérieuses pyramides du plateau de Gizeh.

Au fil de ces pages, c'est tout un monde, extraordinaire de modernité et de finesse, qui reprend vie. En passant par la science de l'écriture ou la diversité des dieux, la société pharaonique n'en finit pas de révéler son haut degré de sophistication... Du premier pharaon, successeur d'Osiris, à la dernière souveraine d'Égypte, la romanesque Cléopâtre, plusieurs centaines de souverains se succèdent sur le trône, dont les fameux Ramsès II et Toutânkhamon ; vous accompagnerez les rois dans leur palais de Memphis ; vous percerez aussi les secrets de la religion égyptienne, ses rites funéraires complexes, pénétrerez dans le secret de leurs temples et apprendrez tout des mystérieux hiéroglyphes.

Avec ce « Laissez-vous guider », la merveilleuse civilisation – qui nous fascine, comme elle a envoûté Napoléon, Champollion et tant d'autres Français – n'aura plus de secrets pour vous ! Alors, sans plus attendre, direction la vallée du Nil, où nos deux guides vont ressusciter des merveilles disparues ou ruinées par les millénaires écoulés... De la Grande Pyramide de Khéops au phare d'Alexandrie, de l'ancienne capitale antique au Sphinx de Gizeh :

L'ÉGYPTE ANTIQUE REPREND VIE SOUS VOS YEUX !

LES MERVEILLES DE L'ÉGYPTE ANTIQUE

SOMMAIRE

SUPPLÉMENTS DIDACTIQUES

CHAPITRE 1

UNE MERVEILLE ET DES MYSTÈRES

Avant d'être des monuments, les pyramides sont d'abord des tombeaux, et c'est dans la plus grande d'entre elles que reposait le corps du pharaon Khéops. La croyance en l'au-delà est au cœur de la civilisation dans l'Égypte antique. Les Égyptiens vivent leur vie terrestre dans le seul but de préparer et de profiter de leur vie après la mort.

Pour éviter les pillages, les pyramides étaient conçues comme des forteresses qu'on espérait inviolables, avec des labyrinthes, des culs-de-sac, de fausses entrées.

Loránt Deutsch

LES LIEUX CÉLÈBRES
DE L'ÉGYPTE ANCIENNE

Gizeh

Site renommé pour le Sphinx et les trois pyramides majestueuses des pharaons Khéops (construite vers 2580-2560 avant J.-C.) Khéphren (construite vers 2570 avant J.-C.), et Mykérinos (construite vers 2510 avant J.-C.).

La Vallée des Reines

Dans ce défilé montagneux, on trouve la sépulture des épouses royales, notamment Néfertari, l'épouse bien-aimée de Ramsès II, et de nombreuses princesses, principalement utilisée durant le Nouvel Empire (environ 1539-1075 avant J.-C.).

Louxor

Un autre temple splendide dédié au dieu Amon, connu pour son obélisque manquant, offert à la France et érigé en 1836 à Paris, place de la Concorde. Le temple originel date d'environ 1400 avant J.-C.

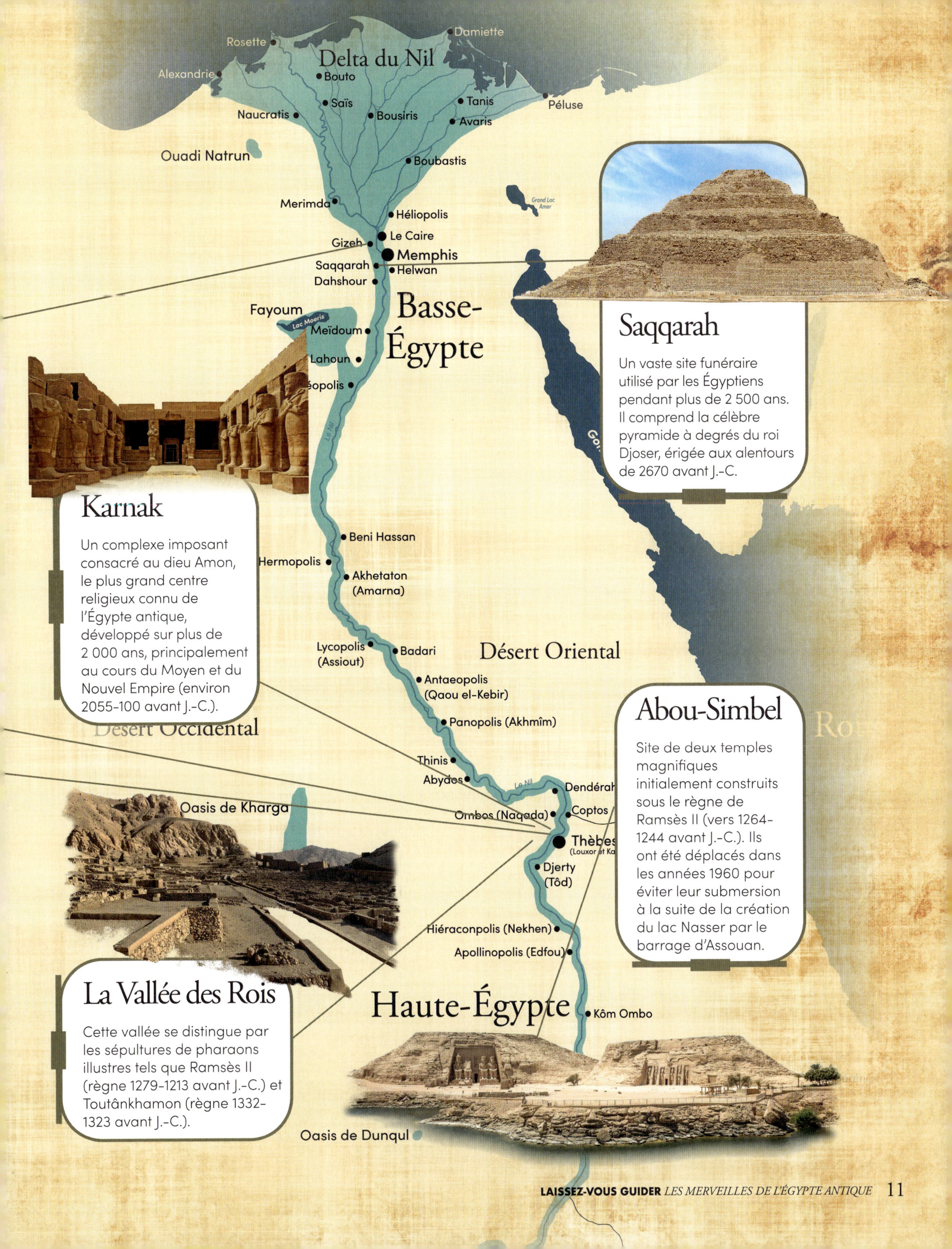

Saqqarah

Un vaste site funéraire utilisé par les Égyptiens pendant plus de 2 500 ans. Il comprend la célèbre pyramide à degrés du roi Djoser, érigée aux alentours de 2670 avant J.-C.

Karnak

Un complexe imposant consacré au dieu Amon, le plus grand centre religieux connu de l'Égypte antique, développé sur plus de 2 000 ans, principalement au cours du Moyen et du Nouvel Empire (environ 2055-100 avant J.-C.).

Abou-Simbel

Site de deux temples magnifiques initialement construits sous le règne de Ramsès II (vers 1264-1244 avant J.-C.). Ils ont été déplacés dans les années 1960 pour éviter leur submersion à la suite de la création du lac Nasser par le barrage d'Assouan.

La Vallée des Rois

Cette vallée se distingue par les sépultures de pharaons illustres tels que Ramsès II (règne 1279-1213 avant J.-C.) et Toutânkhamon (règne 1332-1323 avant J.-C.).

LA NÉCROPOLE DE GIZEH ET LA GRANDE PYRAMIDE DE KHÉOPS

La Pyramide de Khéops

Voici, sans nul doute, la plus emblématique des constructions léguées par la civilisation égyptienne ! Elle résume – de façon monumentale ! – les 3 000 ans d'un empire qui ne s'effondrera qu'en 31 avant notre ère... Construite aux alentours de 2500 ans avant J.-C., cette pyramide domine la nécropole de Gizeh, à quelques kilomètres du Caire. Aujourd'hui encore, elle force l'admiration et impressionne malgré ses plus de 4 500 ans. Pourtant, il faut l'imaginer encore plus belle au moment de sa construction !

« *La pyramide coûta vingt années de travail : elle est carrée ; chacune de ses faces a huit plèthres de largeur sur autant de hauteur ; elle est en grande partie de pierres polies, parfaitement jointes, et dont il n'y en a pas une qui ait moins de trente pieds.* »

Histoires, Hérodote

Qui n'a jamais entendu parler du plateau de Gizeh ? C'est là, à quelques centaines de mètres des derniers immeubles de la tentaculaire capitale égyptienne et de la rive ouest du Nil, qu'émergent d'une mer de sable les pyramides. « Les » ? Oui, celle de Khéops – la seule merveille du monde antique encore debout aujourd'hui – et celles de Khéphren et de Mykérinos, accompagnées d'une poignée d'autres, plus petites, destinées aux femmes de l'entourage royal comme la pyramide de la reine Khentkaous Ire.

Les pyramides servent de carrières de pierre après la fondation de Fustat (la future ville du Caire) par les conquérants arabes en 641. Celle de la reine Khentkaous Ire a ainsi manqué disparaître sous les pics des carriers. Il n'en reste aujourd'hui qu'un monument informe, toujours dominé par la Grande Pyramide.

Les parois de la pyramide de Khéops étaient revêtues de pierres en calcaire parfaitement jointoyées et polies, qui réfléchissaient les rayons du soleil.

Rayonnante grâce à ses plaques, la pyramide de Khéops fut probablement coiffée d'un pyramidion doré.

Elles ont été construites il y a 4 500 ans ! Si la somptueuse pyramide de Khéops frappe encore les esprits, il faut l'imaginer pourtant encore plus splendide – le terme exact, puisque le mot latin *splendidus* signifie « éclatant », « brillant » !

Il ne reste que quelques traces de ce parement. Au cours du Moyen Âge, la pyramide a servi de carrière à ciel ouvert pour les Cairotes qui prélevèrent ce revêtement de calcaire pour bâtir leurs habitations.

Pourquoi ce soin apporté au « splendide » revêtement de la Pyramide ? Cette blancheur souligne l'usage exceptionnel du bâtiment ; car sous ces tonnes de pierres repose le corps du puissant pharaon Khéops. Cette construction souligne donc, de façon gigantesque, l'importance que les Égyptiens accordaient à la vie dans l'au-delà.

C'est une question qui se trouve au cœur de la civilisation de l'Égypte antique. Car pour les Égyptiens, du paysan au souverain, l'existence terrestre n'a d'autre but que de préparer et de rendre leur vie céleste la plus douce possible. Cette quête vaut bien tous les efforts, comme celui de construire cette colossale maison d'éternité du pharaon.

La fonction funéraire des pyramides tombe dans l'oubli au cours du Moyen Âge. Jusqu'à la Renaissance, on les rattache même aux récits bibliques en croyant qu'il s'agissait de greniers à grains bâtis par Joseph, un fils de Jacob, devenu vice-roi d'Égypte (Genèse 41 et suiv.). On les voit ici représentées dans une mosaïque de la basilique Saint-Marc, à Venise.

« Pendant les sept années de fertilité, la terre rapporta abondamment. Joseph rassembla tous les produits de ces sept années dans le pays d'Égypte ; il fit des approvisionnements dans les villes, mettant dans l'intérieur de chaque ville les productions des champs d'alentour. Joseph amassa du blé, comme le sable de la mer, en quantité si considérable que l'on cessa de compter, parce qu'il n'y avait plus de nombre. »

Genèse, 47-49

De Khéops, on ignore à peu près tout. On sait tout au plus que ce pharaon de la IVe dynastie régna il y a 4 500 ans. Combien de temps, on l'ignore… 20 ans ? 40 ans ? Si les historiens ne connaissent aucun de ses faits d'armes, il semble pourtant qu'un culte important lui fut rendu après sa mort, preuve, sans doute, que son peuple le respectait profondément – au moins au point de lui élever cette pyramide aux dimensions exceptionnelles.

L'Histoire joue parfois des tours extraordinaires aux puissants de ce monde. En effet, si le pharaon eut droit à la plus monumentale des pyramides, on ne connaît aucune autre représentation de Khéops que cette minuscule effigie, de 7,5 centimètres de haut, conservée au musée égyptien du Caire.

Le nom de Khéops, dans son cartouche.

Elle mesure 147 mètres de haut, la hauteur d'un gratte-ciel de 45 étages. Ses côtés – longs de 230 mètres, correspondant à 440 coudées antiques – couvrent une superficie équivalente à six terrains de football !

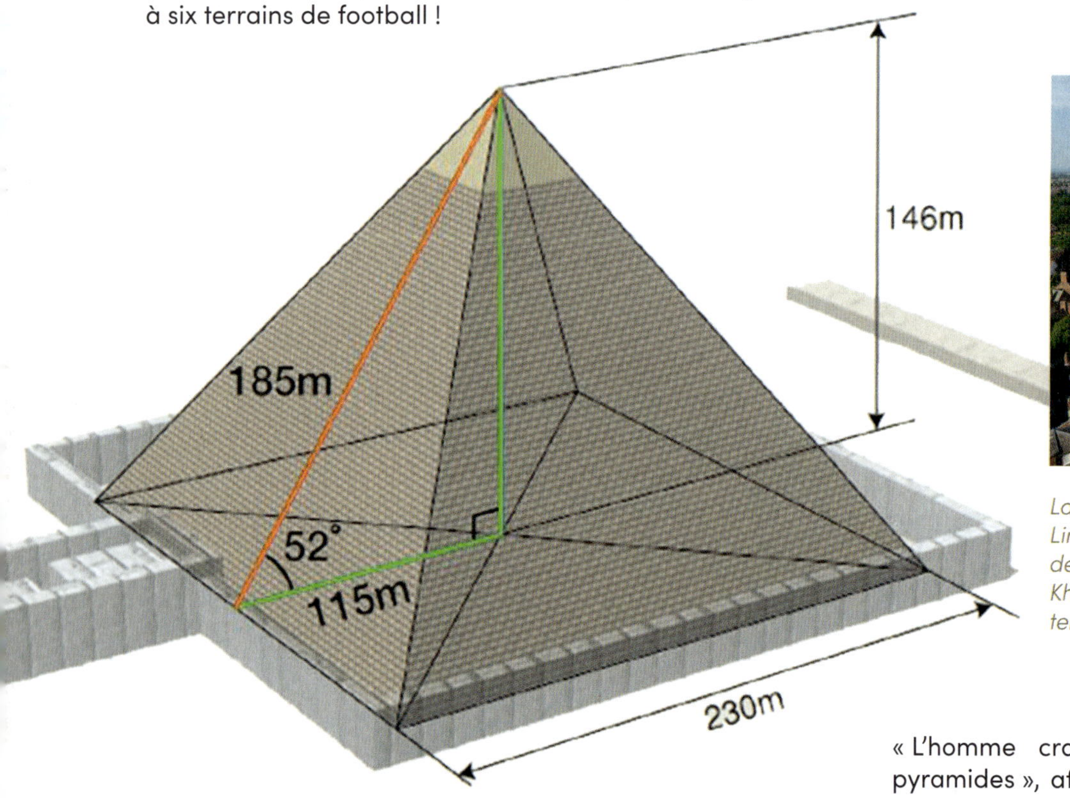

La flèche du clocher central de la cathédrale de Lincoln, édifiée au XIVe siècle, atteignait une hauteur de 160 mètres, détrônant, enfin, la pyramide de Khéops. Un triomphe de courte durée, puisqu'une tempête la jettera bas deux siècles plus tard, en 1548.

Cette pyramide a été longtemps, très longtemps (3 500 ans !), le monument le plus haut de l'histoire de l'humanité. Il faudra attendre le XIVe siècle pour qu'une flèche de la cathédrale de Lincoln, en Angleterre, la dépasse en hauteur.

« L'homme craint le temps, mais le temps craint les pyramides », affirme un proverbe égyptien. En tout cas, les blocs taillés – plus de 2,3 millions ! – composant l'édifice ont bien traversé les siècles. Cependant, ce qui a disparu, c'est la fine couche de calcaire blanc qui recouvrait cette pierre jaunâtre, de qualité moyenne. Polie et blanche, elle reflétait la lumière solaire.

Le sommet de la pyramide de Khéphren, à Gizeh, conserve son revêtement d'origine en calcaire blanc.

L'usage de la dorure pour coiffer un bâtiment ? Une tradition qui perdure au cœur de Paris, au sommet du plus vieux monument de la capitale !

Ainsi, nous devons oublier l'amas actuel de calcaire orangé pour imaginer une immense colline de lumière. Les Égyptiens antiques la nommèrent *l'Horizon de Khéops* : en se reflétant, la lumière transformait le monument et son illustre occupant en un soleil à part entière, sorte de trait d'union entre la terre et le ciel. Grâce à sa pyramide, Khéops établissait donc un lien direct avec Rê, le dieu solaire, l'un des plus importants du panthéon égyptien.

De plus, en adoptant une forme pyramidale parfaite, les Égyptiens imaginaient que l'âme du pharaon monterait plus sûrement vers le ciel pour rejoindre Rê. Le pari post-mortem de Khéops a-t-il réussi ? À défaut de savoir si Pharaon trône auprès de Rê, le souverain savait qu'il laissait à la postérité un monument digne d'asseoir sa légende. Des centaines de siècles plus tard, les Grecs eux-mêmes ne s'y sont pas trompés et ont compté la pyramide de Khéops dans la fameuse liste des Sept Merveilles du monde.

LES SEPT MERVEILLES DU MONDE ANTIQUE

Ce bas-relief provenant de Ninive, conservé au British Museum, représente un jardin doté d'un ingénieux système d'irrigation. À l'image des fameux jardins suspendus ?

Au IVe siècle avant notre ère, le Grec Hérodote, surnommé *le Père de l'Histoire*, passe en revue dans ses écrits les monuments les plus emblématiques du génie humain. Mais c'est Philon de Byzance, au IIIe siècle avant J.-C., qui établit un premier catalogue, repris ensuite avec pas moins de dix-neuf variantes. Mais cette liste, souvent répétée, se réduira dès le IIIe siècle avant notre ère à sept « merveilles », réparties autour de la Méditerranée et au Moyen-Orient. Dans chaque énumération, la Pyramide revient sous la plume – ou le calame – de tous les chroniqueurs. Voici donc ces merveilles qui témoignèrent du génie (et de la démesure) humaine :

Les jardins suspendus de Babylone

Ils auraient été construits par Nabuchodonosor II (605-562 avant notre ère) en Mésopotamie (Irak actuel). Organisés en terrasses, ces jardins, toujours verts dans un pays aride, étaient alimentés par un ingénieux système d'acheminement de l'eau. Si la recherche archéologique a échoué à en trouver la moindre trace, ces jardins ont pourtant été décrits en détail par les voyageurs antiques. Peut-être alors faudrait-il les chercher ailleurs qu'à Babylone, comme dans la cité de Ninive, l'ancienne capitale du royaume assyrien, bâtie sur une rive du Tigre, plus au nord.

LES SEPT MERVEILLES DU MONDE

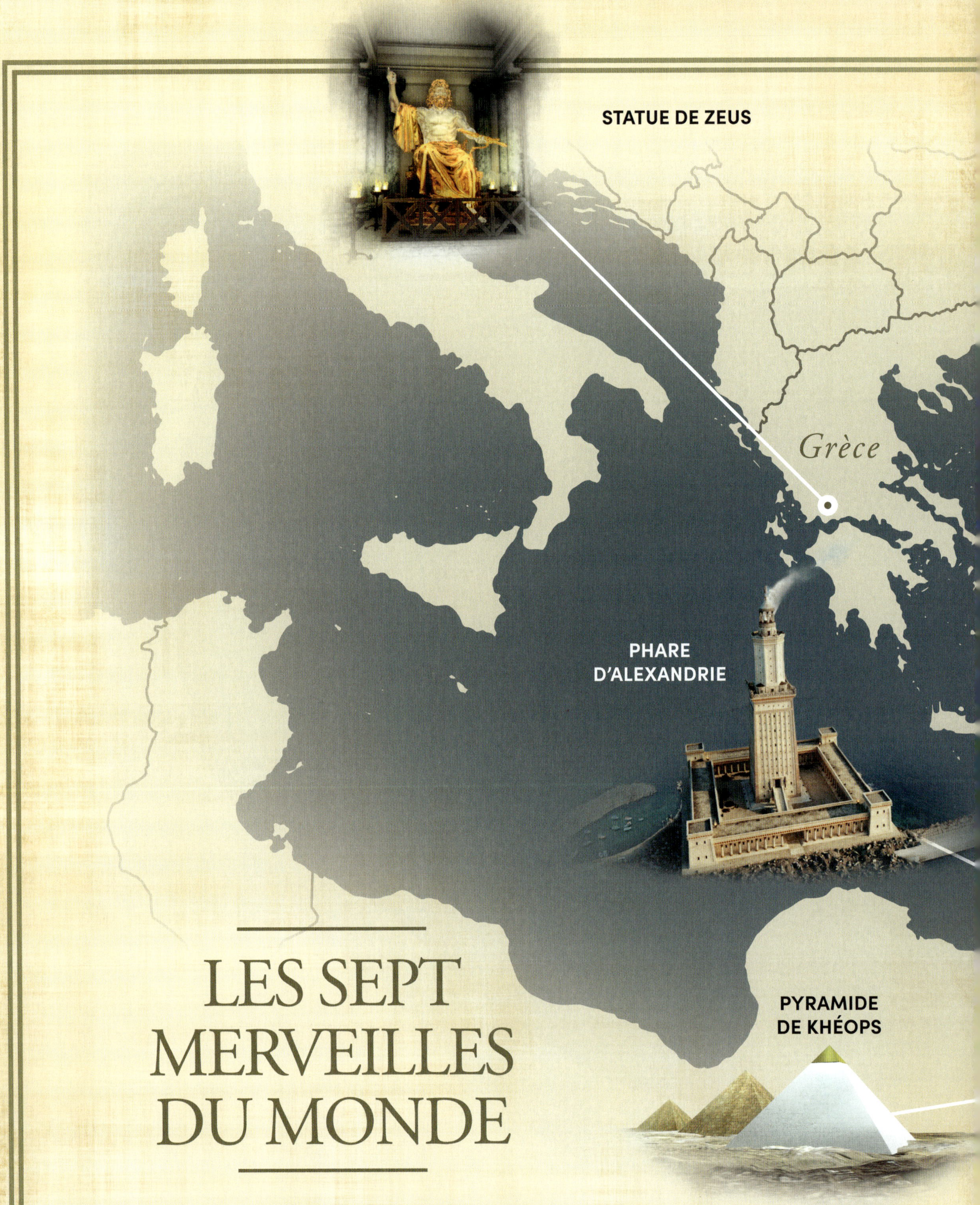

TEMPLE D'ARTÉMIS
TOMBEAU DU ROI MAUSOLE
COLOSSE DE RHODES
Turquie
(Empire hittite)
Irak
(Empire perse)
JARDINS SUSPENDUS DE BABYLONE
Égypte

La Turquie actuelle abrite deux merveilles.

Le temple d'Artémis à Éphèse

Dédié à la déesse grecque de la nature et de la chasse. Construit entre le VIe et le Ve siècle avant J.-C., il offrait une architecture proche de celle du Parthénon d'Athènes. Si ses dimensions exceptionnelles expliquent qu'il ait été inscrit sur la liste des Sept Merveilles, ce sont les conditions de sa destruction qui sont surtout restées célèbres. En 356 avant J.-C., un pyromane, Érostrate, y mit le feu afin de laisser son nom dans l'Histoire !

Le tombeau du roi Mausole

Ces ruines situées à Halicarnasse, quant à elles, étaient encore debout au XVIe siècle. Quelques vestiges rapportés en 1855 par l'archéologue Charles Thomas Newton, notamment la statue du roi, sont aujourd'hui visibles au British Museum.

Outre sa merveille, le roi Mausole a laissé son nom dans l'Histoire : en France, on désigne tout monument funéraire important sous le nom de « mausolée » depuis le XIVe siècle, date de l'apparition du mot.

On trouvera les merveilles suivantes en Grèce.

La statue de Zeus à Olympie

C'est dans ce centre religieux de la Grèce ancienne que l'on pouvait admirer cette gigantesque statue. Réalisée au Ve siècle avant J.-C. par le célèbre sculpteur athénien Phidias, elle était dite *chryséléphantine*, car faite d'or et d'ivoire. Détruite par un incendie au Ve siècle après J.-C., la statue garde tout son mystère, car aucune copie de bronze ou de marbre ne nous est parvenue.

Le colosse de Rhodes

Cette statue, haute de 30 mètres, dominait, selon la légende et la plupart des représentations iconographiques, l'entrée du port de l'île égéenne.

En 226 avant J.-C., un tremblement de terre abat cette effigie du dieu du soleil Hélios, et aujourd'hui rien ne subsiste de cette merveille... colossale.

Les deux dernières merveilles sont à chercher en Égypte ;

le phare d'Alexandrie

dont nous explorerons les ruines (dans le chapitre 5)

et, bien sûr,

la Grande Pyramide de Khéops

la seule survivante des Sept Merveilles.

Le paradoxe est que, malgré sa survie, le monument garde encore nombre de secrets. Que sait-on vraiment à son sujet ? D'abord, que sa construction, par au moins 20 000 ouvriers, n'a duré qu'une vingtaine d'années. On sait aussi que le calcaire blanc étincelant, dont nous avons parlé, provenait de la carrière de Tourah, distante d'une vingtaine de kilomètres. Reste donc à comprendre comment il a été possible, avec des moyens rudimentaires, d'acheminer jusqu'au chantier des blocs de pierre pesant chacun 2 à 3 tonnes.

Écartons les Martiens et faisons plutôt confiance aux archéologues. Ces derniers ont établi que le paysage d'il y a 4 500 ans n'était pas exactement le même qu'aujourd'hui. À la place d'étendues désertiques, il nous faut imaginer une savane et, surtout, savoir que le Nil, ce grand fleuve nourricier qui traverse le pays du sud vers le nord pour se jeter dans la mer, coulait en contrebas du chantier.

Un bras du Nil, aujourd'hui disparu, permettait d'acheminer les blocs de pierre vers le chantier.

Sur sa rive, les Égyptiens aménagèrent un port pour le déchargement des blocs, et des rampes d'accès vers le plateau pour leur acheminement vers le chantier. En 2013, la découverte d'un papyrus est venue confirmer les hypothèses des archéologues : un inspecteur nommé Merer, chargé de la logistique du transport des blocs de calcaire de Tourah à Gizeh, consigne ses activités quotidiennes sur ce document. On apprend ainsi qu'il dirigeait une quarantaine de marins chargés des allers et retours entre la carrière et le chantier, au rythme de deux ou trois voyages tous les 10 jours.

Le calcaire ocre qui compose la structure de la pyramide provient, quant à lui, d'une carrière beaucoup plus proche, à 500 mètres du monument. C'est d'ailleurs cette proximité qui explique en partie le choix du plateau de Gizeh pour accueillir la Grande Pyramide de Khéops. Si on connaît maintenant l'origine des matériaux et les moyens de transport, reste à comprendre comment les Égyptiens antiques ont réussi à assembler plus de 2 millions de blocs de 2 tonnes chacun jusqu'à atteindre une hauteur totale proche de 150 mètres.

Beaucoup d'encre a coulé pour expliquer comment les Égyptiens élevèrent ce monument. Au XVe siècle, l'historien Ahmad al-Maqrîzî convoque la magie.

Le journal de Merer, ou papyrus Jarf.

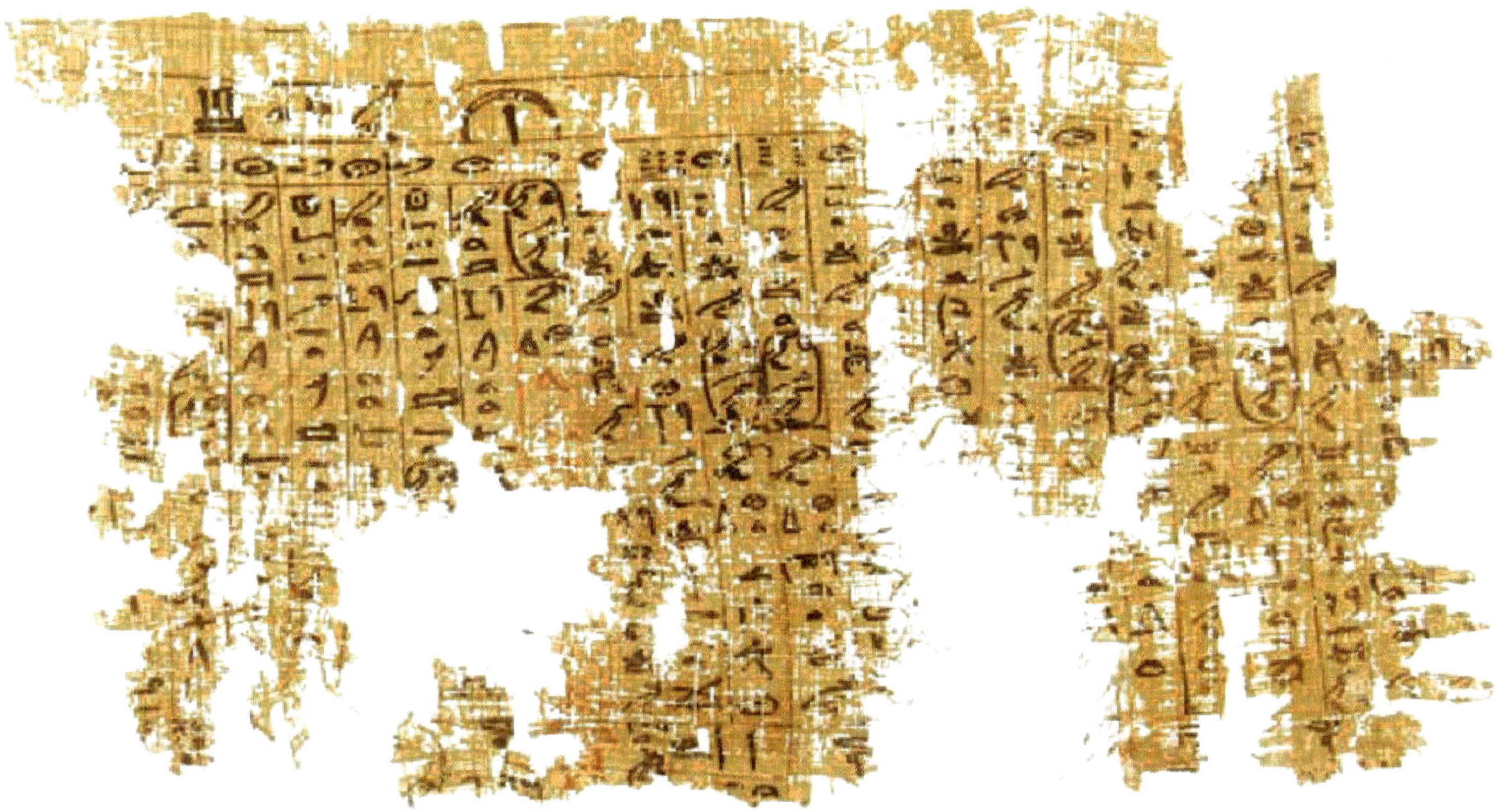

« *Les ouvriers avaient avec eux des feuilles couvertes d'écritures magiques et dès qu'une pierre était taillée et parée, on posait une de ces feuilles sur laquelle on donnait un coup, et ce coup suffisait pour lui faire parcourir une distance de 100 shanes [26 kilomètres].* »

Ahmad al-Maqrîzî

Depuis, les théories ne manquent pas, mais elles nous éclairent moins sur les techniques antiques que sur les délires de pseudo-historiens. Et leurs hypothèses valent le détour : balise d'atterrissage pour des vaisseaux extraterrestres ou machine à voyager dans le temps pour survivants de l'Atlantide.

Plus sérieusement, scientifiques et égyptologues ne cessent de travailler pour mieux comprendre le génie bâtisseur antique. Omaïma El-Shal, professeure d'égyptologie, doyenne d'un département à l'université égyptienne Misr University for Science and Technology, revient sur le long travail mené pour comprendre le chantier de construction de la Grande Pyramide… Et les questions sont nombreuses ! Il existe une quinzaine de théories sur la façon dont les Égyptiens ont réussi à acheminer ces blocs au fur et à mesure que la pyramide s'élevait. Les généralités sont connues. L'usage de rampes, de traîneaux de bois est certain. Dans le détail… c'est plus compliqué. Quelles formes prenaient ces rampes ? En zigzag ? hélicoïdales ? internes ? externes ?

En revanche, on écarte désormais certaines idées reçues : la construction ne doit rien à l'esclavage. Des ouvriers qualifiés, des spécialistes – pour la plupart les meilleurs du pays – formaient le plus gros du contingent. C'était pour eux un honneur que de construire le tombeau de Pharaon. Bien sûr, des prisonniers ont pu être réquisitionnés, mais l'image d'un chantier rythmé par les cris et les claquements de fouet de contremaîtres sadiques se révèle fausse. Cet esclavagisme date plutôt de la période gréco-romaine.

L'absence d'esclaves et l'appel à des ouvriers qualifiés impliquent en outre la mise en place d'une organisation très efficace – surtout quand on se souvient que 20 à 25 000 personnes ont travaillé sur le chantier. Et ce dernier offre un bel exemple du pragmatisme des anciens Égyptiens. Les équipes s'organisaient sur le modèle d'une armée, avec des « régiments » de 2 000 hommes, divisés en 20 équipes de 100 ouvriers, eux-mêmes répartis en groupe de 10 ou 20 hommes. À la tête de chaque unité, on trouvait un responsable d'équipe. Autrement dit, même l'organisation du chantier de la pyramide était… pyramidale ! Certains artisans, comme les carriers ou les maçons, vivaient en permanence dans un village proche du chantier.

Quelques mystères, une admiration pour la capacité d'une civilisation passée à donner naissance à un monument sans équivalent, voilà les ingrédients qui composent notre fascination pour l'Égypte antique.

Gravure de Heinrich Leutemann (1866).

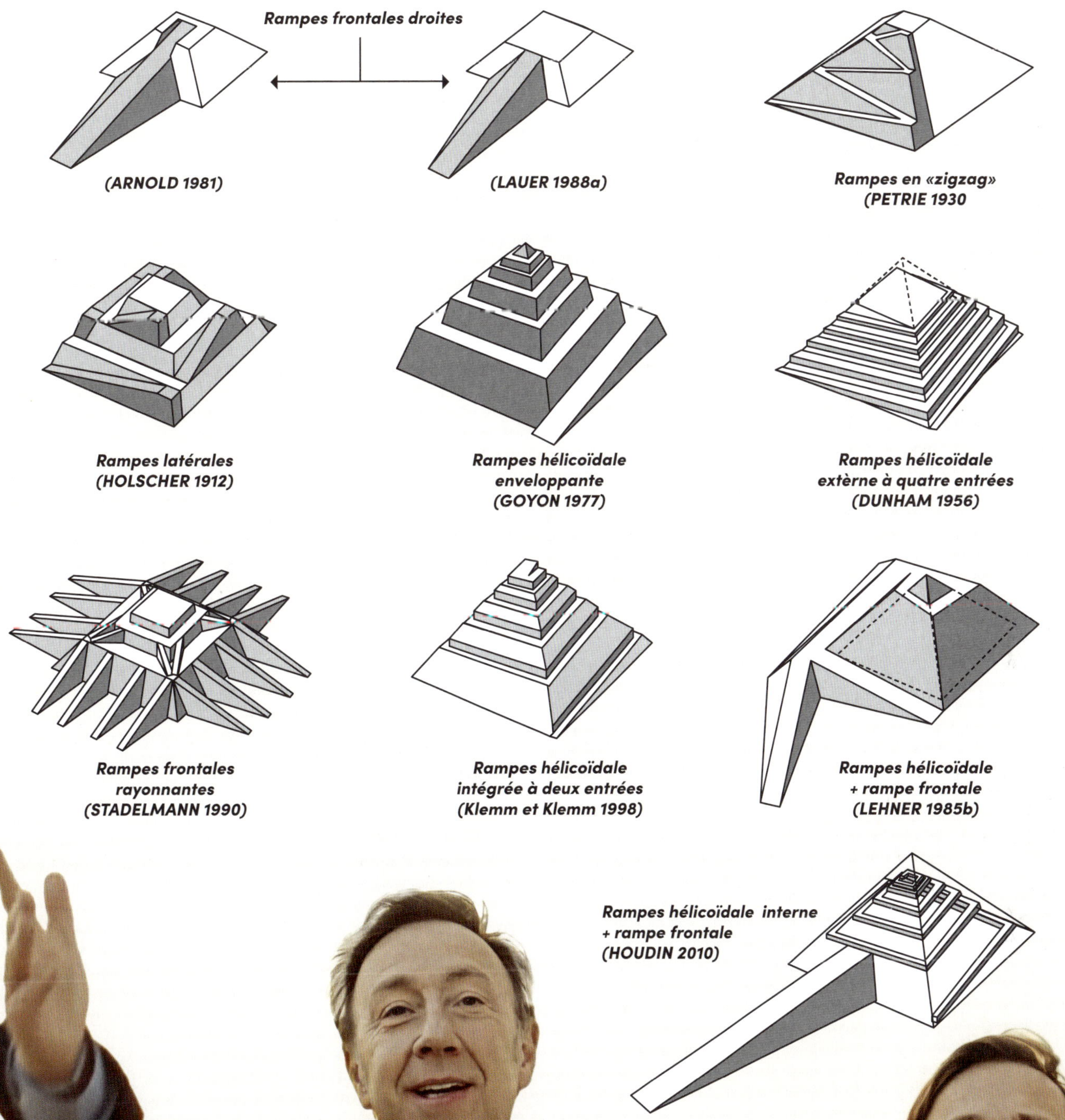
Rampes frontales droites
(ARNOLD 1981)
(LAUER 1988a)
Rampes en «zigzag»
(PETRIE 1930
Rampes latérales
(HOLSCHER 1912)
Rampes hélicoïdale
enveloppante
(GOYON 1977)
Rampes hélicoïdale
extèrne à quatre entrées
(DUNHAM 1956)
Rampes frontales
rayonnantes
(STADELMANN 1990)
Rampes hélicoïdale
intégrée à deux entrées
(Klemm et Klemm 1998)
Rampes hélicoïdale
+ rampe frontale
(LEHNER 1985b)
Rampes hélicoïdale interne
+ rampe frontale
(HOUDIN 2010)

TOUS ÉGYPTOMANIAQUES !

La civilisation égyptienne intrigue et fascine. C'est particulièrement le cas dans notre pays qui nourrit depuis plusieurs siècles une relation toute particulière avec ce moment d'Histoire. La faute à Bonaparte et à sa fameuse campagne d'Égypte, qui débute en 1798.

Cette expédition – fiasco militaire, mais victoire scientifique – lance la mode de l'égyptomanie en France et, en Égypte, ouvre la période des grandes fouilles archéologiques qui n'ont pas cessé depuis.

Parmi les événements qui relancent l'attention mondiale pour les pharaons, on trouve bien évidemment la découverte de la tombe de Toutânkhamon par l'archéologue britannique Howard Carter en 1922. Depuis, les trouvailles s'enchaînent, aiguisant sans cesse notre curiosité. Même leurs dieux, pourtant depuis longtemps délaissés, nous parlent encore grâce à la pop culture : Rihanna grimée en Néfertiti ; le groupe IAM et son leader Akhénaton ; Cléopâtre, nom d'un petit pot de colle utilisé par des générations d'écoliers...

Un des sphinx de la fontaine du Palmier (ou fontaine du Châtelet), érigée au centre de Paris en 1808 dans le style dit « retour d'Égypte ».

Ajoutons la littérature – les romans policiers d'Agatha Christie, les best-sellers de Christian Jacq –, les bandes dessinées – *Tintin et Les Cigares du pharaon*, *Astérix et Cléopâtre* –, les films – *Indiana Jones*, *La Momie* –, ou les jeux vidéo – *Assassin's Creed Origins*. L'Égypte irrigue notre imaginaire et notre culture commune.

Dernière preuve en date ? En 1967, l'exposition « Toutânkhamon » avait réuni 1,2 million de visiteurs à Paris. En 2019, une exposition identique a rassemblé à Paris 1,4 million de personnes. Un record, mais est-ce une surprise dans une ville dont le patrimoine – l'Obélisque de la Concorde, la place du Châtelet et même la pyramide du Louvre – célèbre autant l'Égypte ?

Dans le film éponyme de Joseph L. Mankiewicz, Liz Taylor incarne, en 1963, une inoubliable Cléopâtre.

Monica Bellucci et Jamel Debbouze en 2002, dans Astérix et Obélix : Mission Cléopâtre d'Alain Chabat.

Bonaparte devant le Sphinx, *par Jean-Léon Gérôme (1886).*

J.L. GEROME.

La pyramide de Khéops ne doit pourtant pas faire de l'ombre à ses voisines, celles de Khéphren et de Mykérinos, tout aussi passionnantes.

Képhren, l'un des fils de Khéops, fait bâtir sa propre pyramide moins de 50 ans après la mort de son père. Et il choisit de l'édifier auprès de lui. Un peu plus petite que celle de Khéops, elle a cependant l'avantage d'être construite sur un socle rocheux légèrement surélevé, donnant au spectateur l'impression qu'elle domine la maison d'éternité paternelle !

La dernière pyramide, qui semble minuscule – alors qu'elle mesure 63 mètres de haut –, raconte toujours une histoire de famille puisqu'elle fut construite pour Mykérinos, fils de Khéphren. Malgré ses dimensions « modestes », elle ne sera jamais achevée. Car les pharaons eux-mêmes commencent à rechigner à élever de telles constructions, dévoreuses de temps et d'argent. Les tombeaux pharaoniques vont revenir à des dimensions moins tape-à-l'œil et prendront, quelques siècles plus tard, une nouvelle forme : ce sera le temps des *hypogées* (« souterrains » en grec). Ces sépultures creusées dans la roche ont fait la renommée mondiale de la Vallée des Rois et des Reines, non loin de Louxor, situé à environ 700 kilomètres au sud du Caire.

L'empreinte pharaonique sur Gizeh ne se limite pas aux trois pyramides. Il faut imaginer que, du temps de leur splendeur, il y a donc 4 000 ans, le plateau abrite une vaste nécropole royale regroupant les membres de la famille de Khéops. La découverte de certains de ces tombeaux tient parfois à peu de choses et beaucoup de hasard. En 1925, alors qu'il enfonçait le support de son appareil, un photographe américain a vu un trou s'ouvrir sous ses pieds. Alertés, les archéologues mirent au jour un puits de 27 mètres de profondeur, scellé depuis 4 millénaires. Il les mena à une pièce remplie de meubles – lit, fauteuils, chaise à porteurs – plaqués de feuilles d'or et de vaisselle précieuse placés devant un sarcophage : celui de la propre mère de Khéops, la reine Hétep-Hérès Ire.

Entrée de tombeaux dans la Vallée des Rois, à Louxor.

Mykérinos
Khéphren
Khéops

Comme toutes les sépultures royales, celle de Khéops renfermait sans doute nombre de trésors. Ces derniers devaient permettre à Pharaon de goûter sa « vie d'après ». On trouvait donc, à côté des offrandes pour les dieux, un amoncellement de bijoux, mais également des présents plus concrets, comme des lits, des fauteuils et des nécessaires de coiffure, toujours utiles, même dans une vie céleste ! Pour protéger ces trésors indispensables à la vie outre-tombe de Pharaon, un formidable coffre-fort : la pyramide. Elle doit éviter le viol de la sépulture, un sacrilège qui empêcherait le défunt d'accéder à la vie éternelle. Afin de lui garantir son passeport pour l'au-delà, les architectes multiplient alors labyrinthes, culs-de-sac et fausses entrées pour décourager les pilleurs.

De nos jours, l'exploration des entrailles de la pyramide de Khéops ne fait guère courir de risques. Les touristes y pénètrent par « l'entrée d'Al-Mamoun », du nom du calife qui, au début du IXe siècle, a fait creuser cette trouée. La véritable entrée se situe un peu au-dessus.

Épouse du fondateur de la IVe dynastie, la reine Hétep-Hérès Ire donnera naissance à Khéops.

L'entrée d'origine de la pyramide de Khéops.

Intérieur du tombeau de Khéphren.

Parmi les objets qui accompagnent la souveraine dans son voyage vers l'au-delà, ce fauteuil d'or et de turquoises.

Une fois à l'intérieur, on s'engage dans un couloir long de plus de 30 mètres dont les parois dévoilent la structure interne de la pyramide. La maçonnerie « noble », vers l'extérieur, laisse vite place à un remplissage beaucoup plus grossier. On emprunte ensuite sur une quarantaine de mètres un « couloir ascendant » qui débouche sur la Grande Galerie, longue de 47 mètres et de 8 mètres de hauteur sous plafond. Le chemin, quasi vertical, demeure en parfait état malgré les siècles, et le jointoiement encore parfait des blocs de pierre semble dater d'hier !

Enfin, deux passages très bas de plafond mènent à l'entrée de la chambre de Pharaon. Celle-ci, entièrement parée de granit rose, conservait le sarcophage de Khéops taillé d'une seule pièce dans un bloc de granit. On estime son poids à 3 tonnes.

De cette Grande Galerie – longue de 47 mètres, haute de 8 et aux joints parfaitement intacts – partent plusieurs galeries.

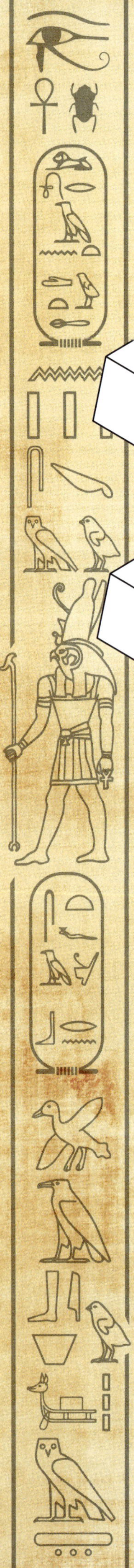

ARCHITECTURE
DE L'ÉGYPTE

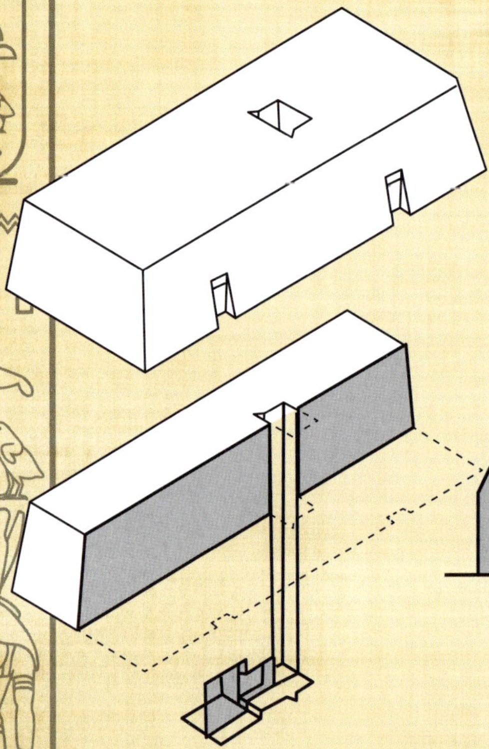

Mastaba

Type de tombeau égyptien ancien construit avec des murs inclinés et un toit plat, à l'origine en briques de boue ou en pierre. Pour atteindre la chambre funéraire souterraine, un puits profond était utilisé.

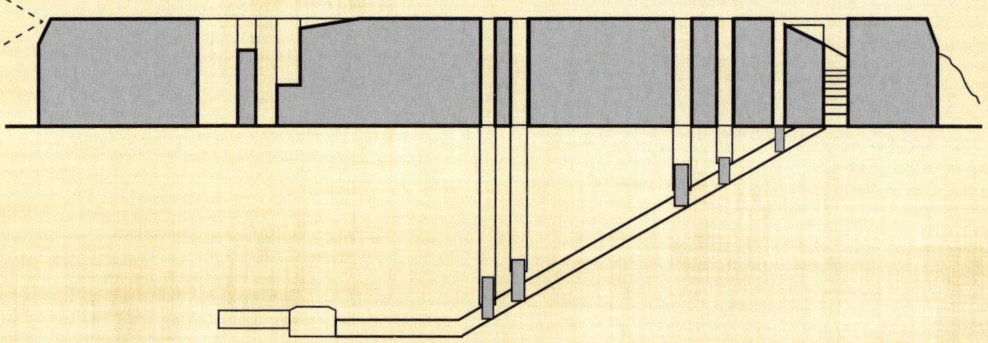

Pyramide

Un bâtiment monumental fait de pierre ou de brique avec une façade en pierre ou en brique, une fondation rectangulaire et quatre côtés triangulaires inclinés ou occasionnellement trapézoïdaux convergeant à un sommet.

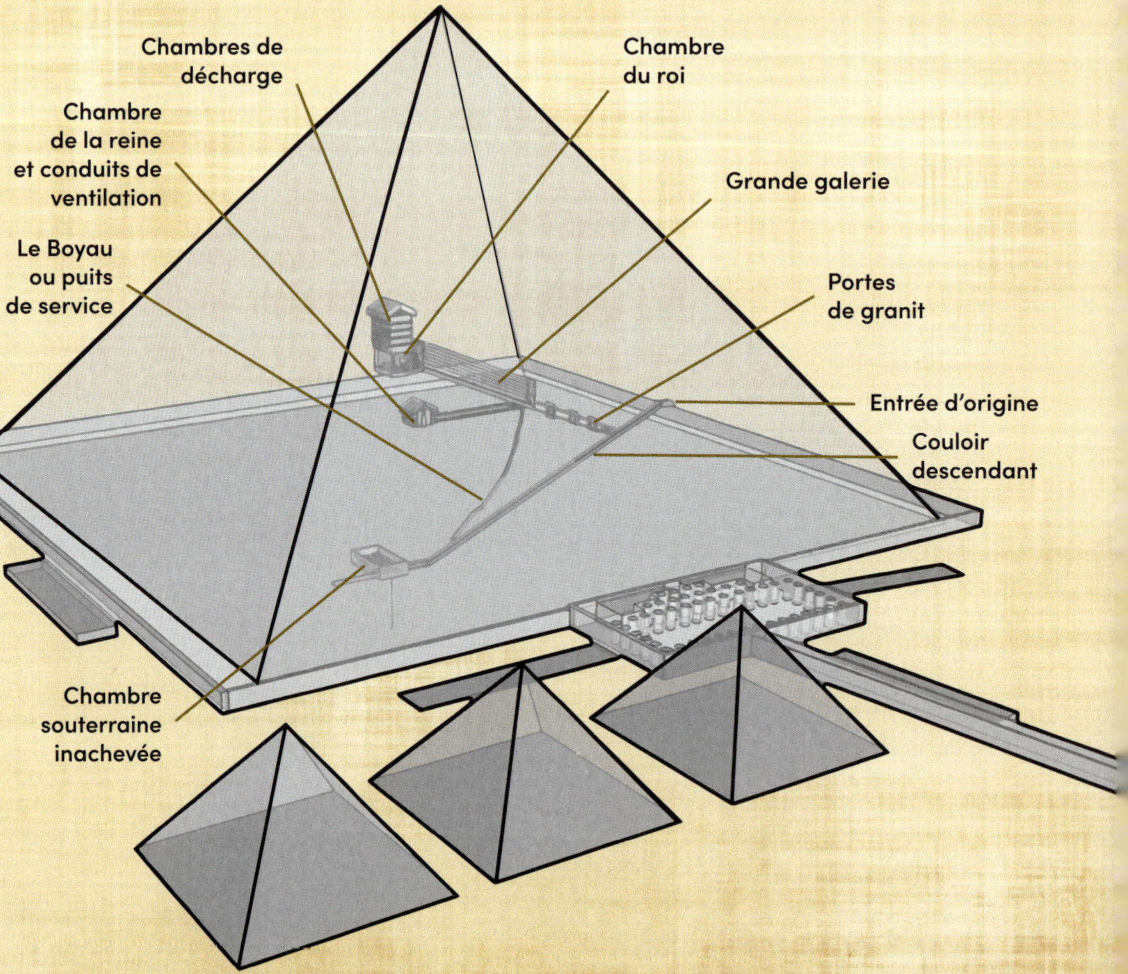

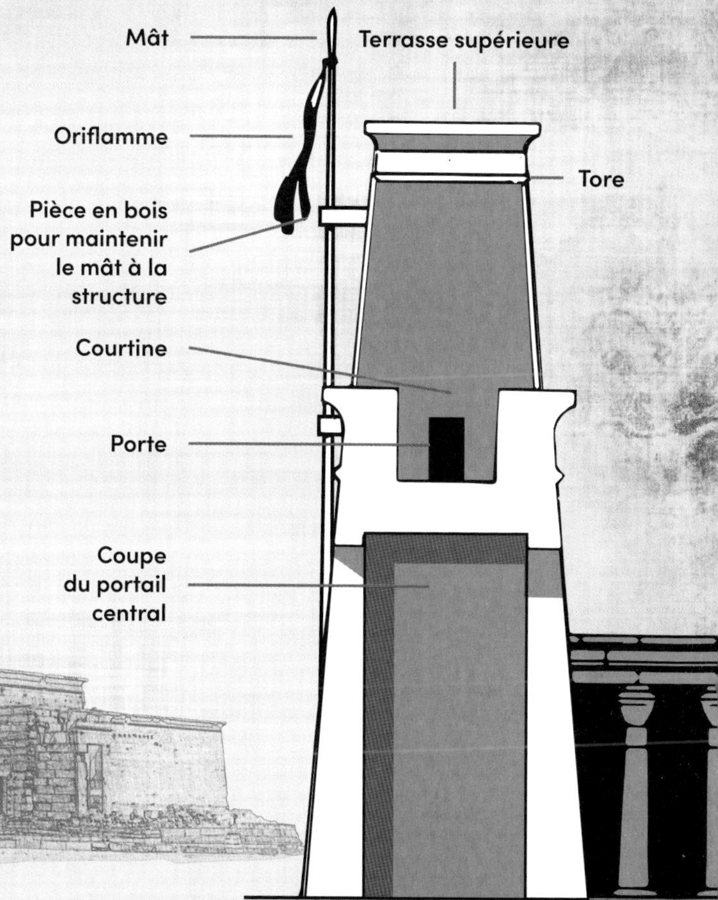

Pylône

Une grande entrée d'un temple égyptien. Le mot est dérivé du mot grec *pylon* signifiant « porte d'entrée ». Les pylônes étaient composés de deux tours effilées, chacune surmontée d'une petite pyramide, reliées par une porte entre les deux. La paire annonce généralement une allée de sphinx.

Obélisque

Un obélisque est une colonne rectangulaire en pierre avec un sommet effilé se terminant en une pyramide, posé sur une base, qui était fabriqué par les anciens Égyptiens et était connu sous le nom de *tekhenu*. Les obélisques sont érigés pour honorer les dieux ou pour commémorer une personne ou un événement.

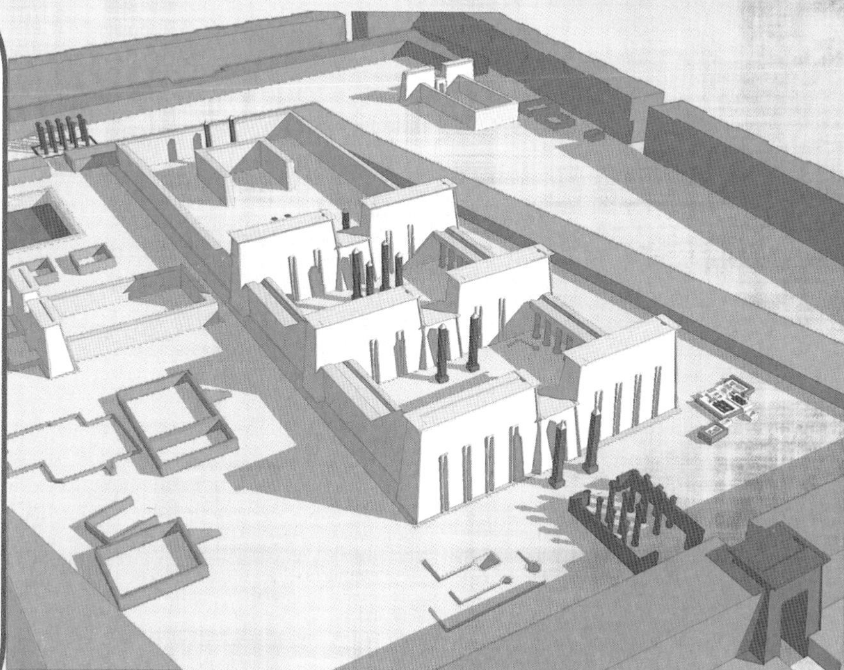

Les colonnes

Les colonnes égyptiennes, souvent massives et ornées de hiéroglyphes, sont caractéristiques de l'architecture monumentale. Les chapiteaux pouvaient prendre la forme de papyrus ou de lotus épanouis.

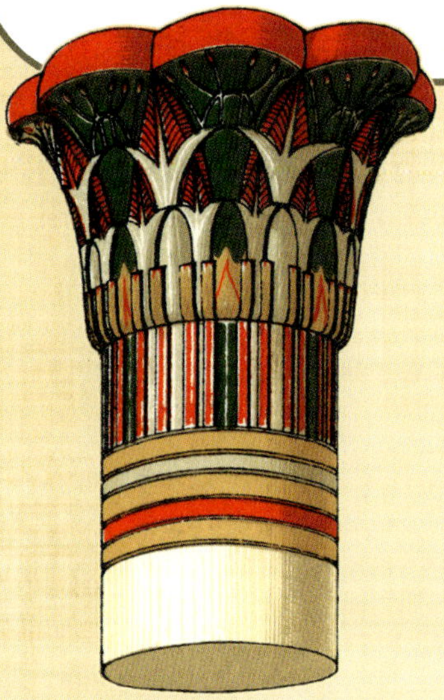

Papyriforme

Palmiforme

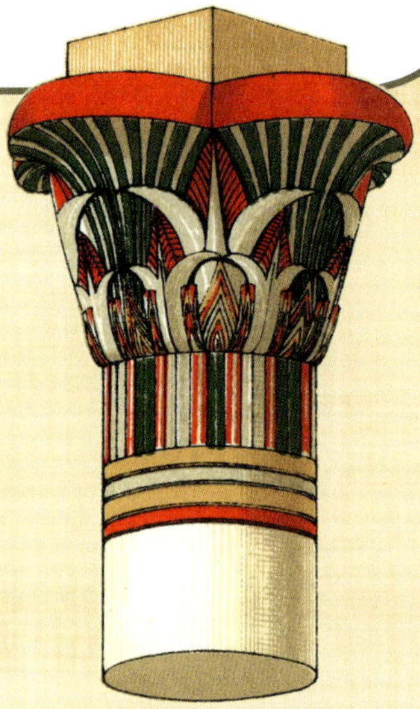

Papyriforme

Campaniforme

Papyriforme

Composite

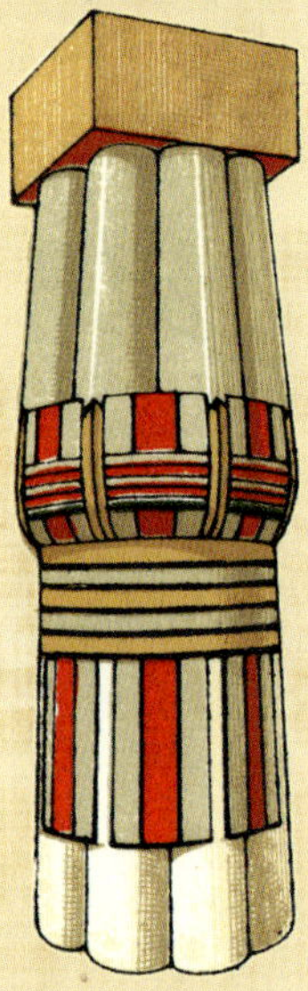

Papyriforme fermée

Lotiforme

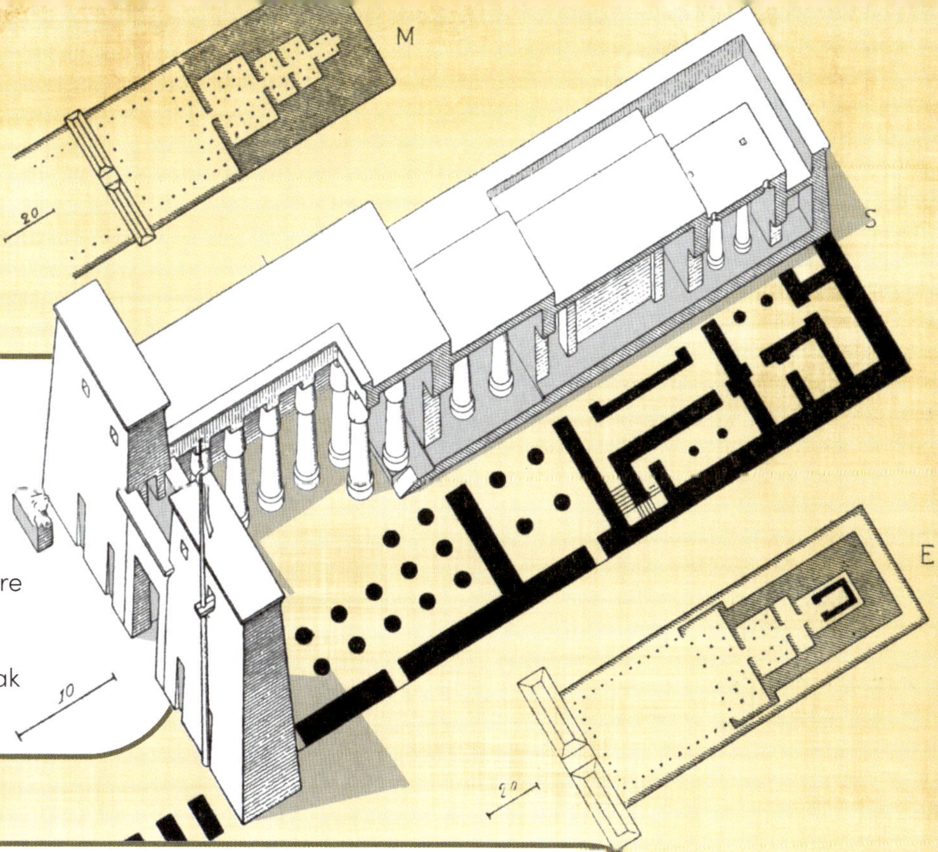

Les temples

Les temples égyptiens, centres de culte religieux, étaient des structures complexes avec des salles hypostyles, c'est-à-dire soutenues par des colonnes, des cours ouvertes, et des sanctuaires. Le temple de Karnak est l'un des plus célèbres.

L'alignement astronomique

Beaucoup de structures égyptiennes étaient alignées astronomiquement. Par exemple, les pyramides de Gizeh sont alignées avec une précision remarquable sur les points cardinaux.

Les matériaux

La pierre était le matériau de choix pour les monuments durables, comme la pierre calcaire et le granit. Les briques de boue étaient utilisées pour les habitations et les structures moins pérennes.

La décoration

Fresques, bas-reliefs et sculptures ornaient les intérieurs des édifices, racontant des récits mythologiques ou des exploits des pharaons. Les couleurs vives étaient omniprésentes.

Symbolisme

L'architecture n'était pas seulement fonctionnelle mais aussi symbolique, représentant des croyances religieuses et l'ordre cosmique.

Ingénierie hydraulique

Les anciens Égyptiens maîtrisaient l'ingénierie hydraulique pour l'irrigation et pour protéger leurs structures des inondations du Nil.

L'urbanisme

Les villes égyptiennes étaient planifiées avec des quartiers résidentiels, des marchés, des ateliers et des espaces administratifs. La capitale, Thèbes, était une ville d'une grande splendeur.

Durabilité

Conçues pour l'éternité, les structures égyptiennes étaient bâties pour résister aux tremblements de terre, aux inondations et à d'autres catastrophes naturelles.

DES PHARAONS SUPERSTARS

Plusieurs raisons expliquent pourquoi des pharaons ont accédé à la célébrité de nos jours. Certains sont devenus célèbres par leurs monuments, comme Khéops, des œuvres d'art ou des légendes, voire des « malédictions ».

Voici donc un petit *hall of fame* pharaonique :

Ramsès II

Durant son très long règne (66 ans !), il a su mobiliser toutes les richesses de l'Égypte, de la Nubie et du Proche-Orient afin de glorifier la fonction royale et sa personne. Des monuments et temples, dont ceux de Karnak et Abou-Simbel, continuent d'entretenir sa légende.

Quatre statues colossales de Ramsès II rythment la façade du temple d'Abou-Simbel.

Toutânkhamon

Sans conteste la plus grande star de ce palmarès. La découverte en 1922 de sa tombe par l'archéologue Howard Carter et son mécène Lord Carnarvon connaît un retentissement mondial. Les médias – alors en plein essor, qu'il s'agisse de presse écrite, parlée ou filmée – font leur miel des trésors de la sépulture inviolée, puis colportent et exploitent, avec succès, les rumeurs d'une « malédiction ». La fin souvent brutale des protagonistes de la fouille ne fera qu'amplifier la célébrité de Toutânkhamon, celui qui restaura le culte du dieu Amon à la mort de son frère Akhénaton.

Néfertiti

Nous ne savons presque rien d'elle, mais son sourire vaguement ironique – une sorte de Joconde égyptienne – et son port de tête altier en font la reine des reines. Elle régna il y a 30 siècles et fut l'épouse d'Aménophis IV, le souverain Akhénaton (« agréable à Aton »), qui tenta de réformer la religion égyptienne au seul profit du dieu Aton.

Buste en calcaire peint de Néfertiti, découvert en 1912.

Buste de Cléopâtre. Mais justifie-t-il la remarque du philosophe Pascal ? « Si le nez de Cléopâtre eût été plus court, toute la face du monde aurait changé. »

Cléopâtre

Sans doute la plus célèbre des femmes de l'Antiquité, Cléopâtre, bien que d'origine grecque, peut évidemment figurer dans ce classement des célébrités égyptiennes. Descendante d'un compagnon d'Alexandre le Grand, elle accède au pouvoir avec un projet : se défaire de la tutelle romaine. Octave la poussera au suicide tandis que les historiens au service de Rome inventeront sa légende noire…

Cléopâtre essayant des poisons sur des condamnés à mort, *Alexandre Cabanel.*

La pièce ne contient rien d'autre que cette massive sépulture, ayant été vidée de ses trésors dès l'Antiquité. En revanche, le monument reste plein de mystères ! Après la découverte d'une immense cavité dans la Grande Pyramide en 2017, le ministère égyptien du Tourisme et des Antiquités a annoncé, en mars 2023, la découverte d'un nouveau couloir. Usage et destination encore inconnus...

Intérieur du couloir découvert en 2023 par une équipe de chercheurs du projet ScanPyramids, coordonné par la faculté d'ingénierie de l'université du Caire et par le Heritage Innovation Preservation HIP. Institute.

Éphémère pharaon, Toutânkhamon reste pourtant le plus célèbre des 345 souverains qui se sont succédé sur le trône égyptien pendant 3 millénaires.

L'absence de trésor dans la Grande Pyramide ne peut que nourrir notre déception, d'autant plus que nous avons l'habitude, depuis la découverte de la tombe de Toutânkhamon, d'associer Pharaon et monceaux d'or et de richesses.

Pharaon fugace dont le règne n'a duré qu'une quinzaine d'années, Toutânkhamon a pourtant été inhumé accompagné d'un incroyable trésor.

Un militaire anglais, Richard William Howard Vyse, explore la pyramide en 1837 et découvre un cartouche mentionnant enfin le nom du « propriétaire », Khéops.

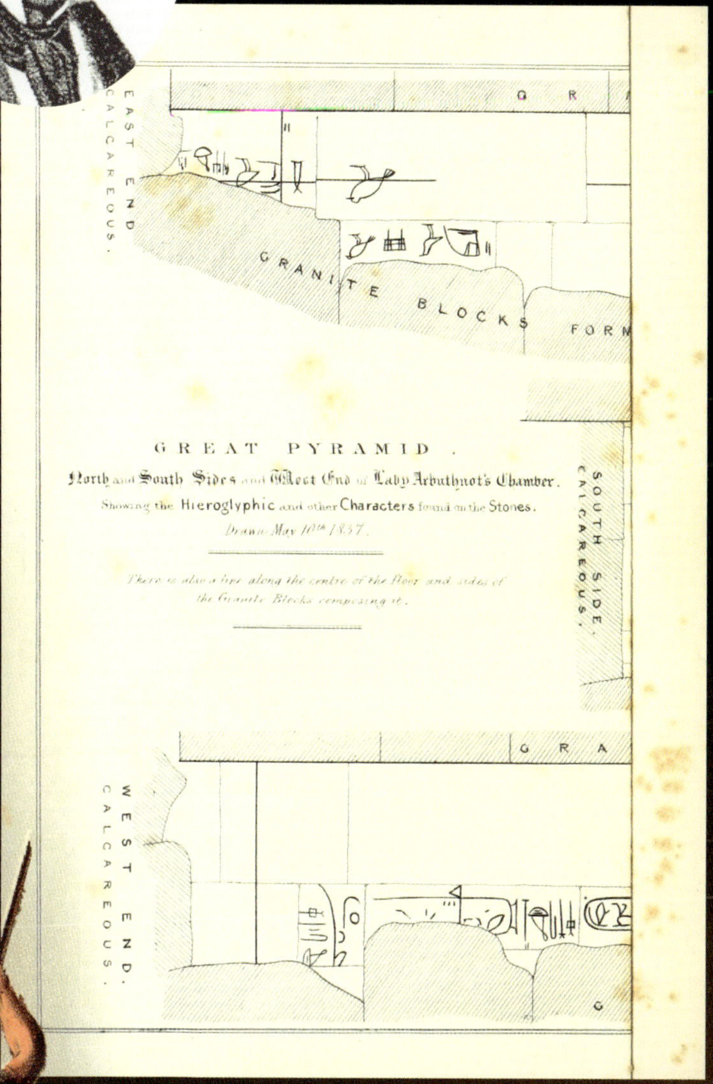

En 2010, année record pour le tourisme en Égypte, 20 millions de visiteurs sont venus admirer la pyramide de Khéops. Mais, sur ce plateau de Gizeh, elle partage sa renommée avec un autre monument qui, lui aussi, rencontre un succès « monstre », et que nous allons découvrir !

CHAPITRE 2

DES SYMBOLES ET DES DIEUX

Le Sphinx de Gizeh est la plus grande statue monolithique au monde, c'est-à-dire taillée dans un seul bloc de pierre. Il est érigé vers 2500 avant notre ère, mesure plus de 73 mètres de long, 14 mètres de large et plus de 20 mètres de haut.

Ce Sphinx, qui est aujourd'hui un symbole mondial de l'Égypte antique, est longtemps resté dans l'anonymat. Il existe bien quelques textes qui l'évoquent, mais très succinctement. Tout simplement parce que, pendant des siècles, il était totalement ensablé !

Stéphane Bern

LES DIEUX
DE L'ANCIENNE ÉGYPTE

Amon

- Dieu du soleil et de l'air, créateur de l'univers et roi des dieux.
- Antropomorphe à tête de bélier (ou entièrement bélier), coiffé de cornes de bélier ou d'une couronne à deux plumes. On le représente généralement avec la peau bleue (couleur céleste), un disque solaire et un fléau.
- Époux de Mout, père de Khonsou. Assimilé à Rê.

Apis

- Dieu de la fertilité, de la force et de la renaissance, puis incarnation du dieu Ptah.
- Taureau portant un disque solaire entre ses cornes.
- Incarnation de Ptah, parfois considéré comme le fils de Hathor.

Anubis

- Dieu de l'embaumement et des nécropoles.
- Chacal noir ou antropomorphe noir à tête de chacal.
- Fils d'Osiris et Nephtys.

Aton

- Dieu solaire.
- Disque solaire dont les rayons se terminent par des mains.

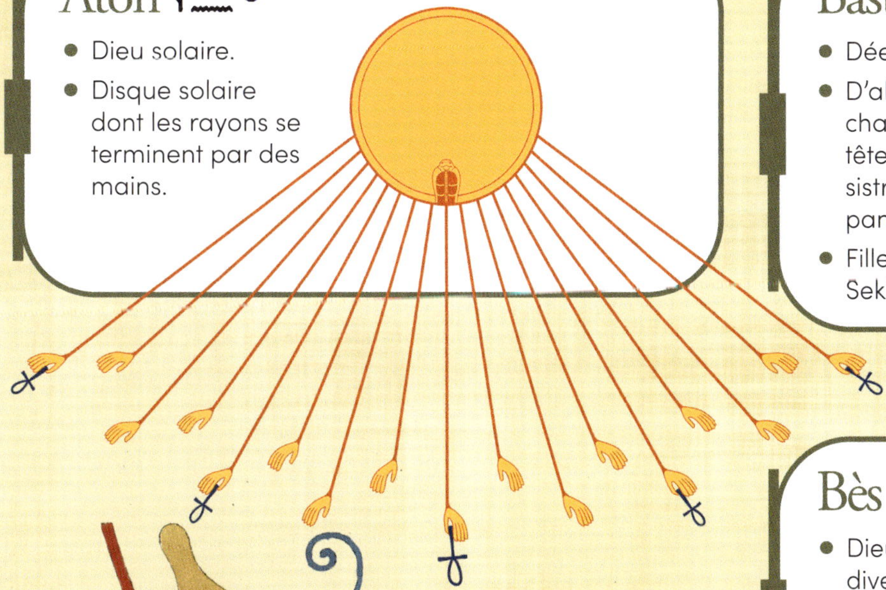

Bastet

- Déesse de la maternité, du foyer.
- D'abord représentée comme une chatte puis comme une femme à tête de chat, elle porte souvent un sistre (instrument de musique) ou un panier.
- Fille de Rê, équivalent apaisé de Sekhmet.

Bès

- Dieu guerrier mais aussi dieu de la danse et du divertissement, protecteur des femmes enceintes et contre les animaux dangereux (serpents, scorpions...).
- Nain à visage de lion, souvent représenté de face et non de profil comme la plupart des dieux. Sa laideur est censée faire fuir les mauvais esprits.

Chou

- Dieu de l'air, souffle vital.
- Portant une plume d'autruche sur la tête.
- Fils d'Atoum, frère et époux de Tefnout, père de Nout et Geb.

Geb

- Dieu de la terre et de la végétation.
- Parfois représenté avec une tête de serpent, avec la peau verte ou avec une oie. Souvent en position allongée, sous la déesse Nout incarnant la voûte céleste.
- Fils de Chou et de Tefnout, frère et époux de Nout, père d'Osiris, Isis, Seth et Nephtys.

Atoum

- Dieu primordial, démiurge, incarnation du soleil couchant.
- Souvent représenté portant la double couronne de souverain de la Basse et de la Haute-Égypte.
- Émerge de Noun, donne naissance à Chou et Tefnout.

Hâpy

- Dieu du Nil et des crues.
- Androgyne, à la peau bleue, parfois représenté comme double entité (Haute et Basse-Égypte).

Horakhty

- Dieu du soleil se levant à l'horizon.
- À tête de faucon surmontée d'un disque solaire, ou simplement un disque solaire ailé.
- Assimilé à la fois à Horus et à Rê.

Hathor

- Déesse de la joie, de l'amour, de la danse et de la maternité.
- Coiffée de cornes entourant le disque solaire. Plus rarement sous la forme d'une vache ou d'une lionne.
- Fille de Rê et de Nout, sœur ou équivalent bienveillant de Sekhmet, épouse (ou mère) d'Horus et mère d'Ihy. Parfois assimilée à Isis.

Horus

- Dieu du ciel et protecteur des pharaons, parfois juge des âmes.
- Antropomorphe à tête de faucon portant la double couronne, ou entièrement faucon.
- Fils d'Osiris et d'Isis ou Hathor, père d'Ihy.

Isis

- Déesse protectrice associée à la guérison et à la magie.
- Coiffée d'un trône ou de cornes entourant le disque solaire (comme Hathor), porte souvent un *ânkh*, symbole de la vie éternelle.
- Fille de Geb et Nout. Sœur d'Osiris, Seth et Nephtys. Épouse d'Osiris et mère d'Horus.

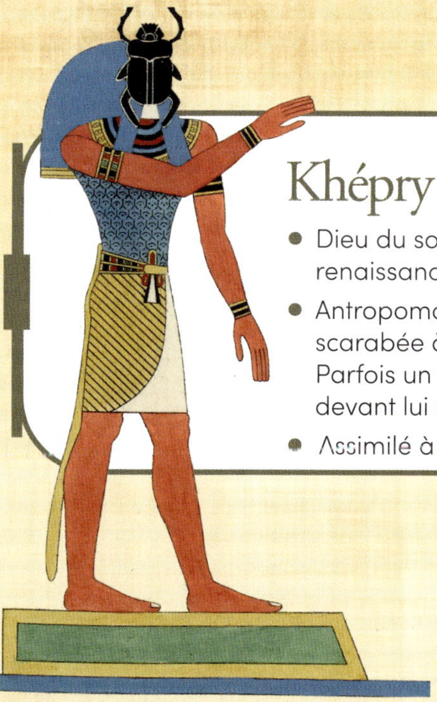

Khépry

- Dieu du soleil levant et de la renaissance.
- Antropomorphe avec un scarabée à la place de la tête. Parfois un scarabée poussant devant lui un disque solaire.
- Assimilé à Rê.

Khnoum

- Dieu démiurge, potier créateur de la vie et des espèces vivantes, gardien des sources du Nil.
- Antropomorphe à tête de bélier ou bélier.
- Parfois assimilé à Amon-Rê. Époux de Heqet, déesse grenouille.

Khonsou

- Dieu de la lune et de la juste vengeance.
- Jeune homme, souvent momifié, portant une tresse sur le côté du crâne et coiffé d'un disque lunaire, ou homme à tête de faucon.
- Fils d'Hathor et de Sobek ou d'Amon et Mout.

Maât

- Déesse de l'ordre, l'équilibre cosmique, la justice et la vérité. Elle pèse les cœurs des défunts pour déterminer s'ils méritent d'accéder à la vie éternelle.
- Ailée et coiffée d'une plume d'autruche.
- Fille de Rê.

Min

- Dieu de la fertilité et protecteur des routes.
- Ithyphallique, tenant un fouet et souvent entouré de laitues.
- Fils et époux d'Isis, parfois assimilé à Amon ou à Horus.

Montou

- Dieu guerrier, protecteur de Thèbes.
- À tête de faucon ou de taureau, coiffé d'un disque solaire, de deux cobras (*uræi*) et deux plumes.
- Époux de Râttaouy, version féminine de Rê.

Nephtys

- Déesse funéraire.
- Coiffée des hiéroglyphes associés à son nom.
- Fille de Geb et Nout. Sœur d'Osiris, Seth et Isis. Épouse de Seth et mère d'Anubis.

Osiris

- Dieu des morts, de la résurrection et de la fertilité. Roi mythique de l'Égypte.
- À la peau verte et au corps momifié, portant la couronne Atef (mitre rayée surmontée d'un disque solaire et entourée de plumes d'autruches).
- Fils de Geb et Nout, frère de Seth, Nephtys et Isis, époux d'Isis, père d'Horus et d'Anubis.

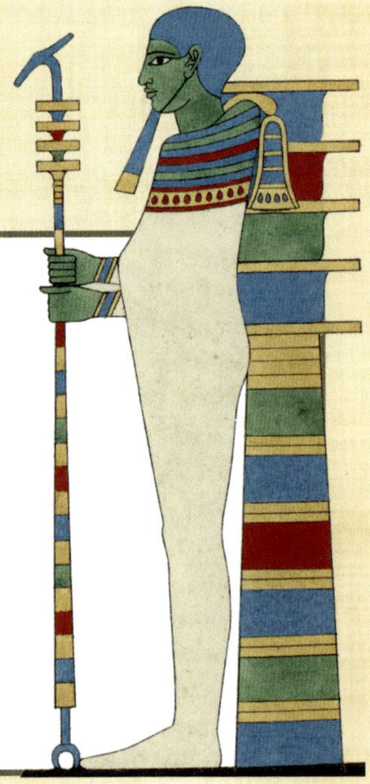

Ptah

- Dieu créateur (démiurge), associé en particulier à la ville de Memphis.
- À la peau verte et au crâne rasé, portant une barbe et le corps serré dans une étoffe.
- Conjoint de Sekhmet/Bastet et père de Nefertoum.

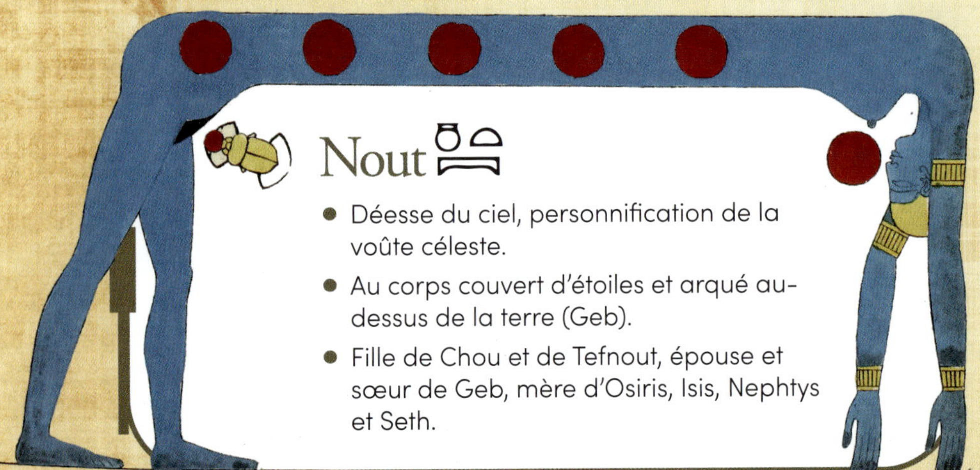

Nout

- Déesse du ciel, personnification de la voûte céleste.
- Au corps couvert d'étoiles et arqué au-dessus de la terre (Geb).
- Fille de Chou et de Tefnout, épouse et sœur de Geb, mère d'Osiris, Isis, Nephtys et Seth.

Rê

- Dieu solaire, en particulier le soleil à son zénith.
- À tête de faucon, coiffé d'un disque solaire entouré d'un serpent. Souvent représenté sur une barque qu'il utilise pour traverser les cieux au cours de la journée.
- Émerge de Noun (océan primordial), donne naissance à Chou, Tefnout, Hathor, Bastet, Sekhmet et Maât.

Sekhmet

- Déesse de la vengeance, de la destruction et des épidémies, incarnation de la fureur de Rê.
- À tête de lionne, parfois surmontée d'un disque solaire.
- Fille de Rê, équivalent furieux de Bastet ou de Hathor.

Seth

- Dieu de la violence, du désordre, de la guerre et du désert.
- À tête d'animal aux oreilles carrées et au museau allongé.
- Fils de Geb et Nout, frère d'Osiris, Nephtys et Isis, époux de Nephtys.

Sobek

- Dieu de l'eau, du Nil et de la fertilité.
- Crocodile ou antropomorphe à tête de crocodile, souvent surmontée de cornes, d'un disque solaire et de plumes d'autruche.
- Parfois considéré comme le fils de Seth et de la déesse aquatique Neith.

Taouret

- Déesse protectrice des accouchements.
- À tête d'hippopotame et à pattes de lion, avec le corps d'une femme enceinte.
- Associée au dieu Bès.

Tefnout

- Déesse de l'humidité et des nuages.
- À tête de lionne, parfois surmontée d'un disque solaire.
- Fille d'Atoum/Rê, mère de Nout et Geb.

Thot

- Dieu de la sagesse, de la connaissance et des scribes.
- Antropomorphe à tête d'ibis, ibis ou babouin.
- Fils de Khnoum et Neith, conjoint de Maât.

Sculpté dans un éperon calcaire, le Sphinx veille sur le repos des pharaons et des reines.

LA NÉCROPOLE DE GIZEH ET SES DIEUX

Sur le grand plateau calcaire où s'élèvent les pyramides, la célèbre et majestueuse sculpture du Sphinx veille sur l'ensemble de la nécropole. Symbole de la civilisation égyptienne antique, cette créature à tête d'homme et à corps de lion a connu plusieurs vies depuis son édification sous la IVe dynastie, il y a 4 500 ans.

Les dimensions de ce monument taillé dans un seul bloc rocheux – 74 mètres de long pour 14 mètres de large et 20 mètres de haut – en font sans conteste la plus grande statue monolithe au monde. Son poids est estimé à 20 000 tonnes, soit deux fois celui de la tour Eiffel !

Mais il fallait bien ces proportions hors normes pour assurer la mission qui lui était confiée : protéger les temples funéraires royaux. C'est pour cette raison qu'on retrouve ces étranges animaux de chaque côté des portes des grands monuments, afin de surveiller les allées et venues.

Une des particularités du Sphinx de Gizeh saute immédiatement aux yeux. Si nous sommes habitués à des divinités égyptiennes à forme humaine et à tête animale, l'originalité du Sphinx réside dans son visage humain.

Horus à tête de faucon, Sobek à tête de crocodile, et Anubis le dieu chacal sont les plus connus des dieux à tête animale du panthéon égyptien.

Le némès – cette coiffe faite d'un tissu rectangulaire rigide, rayée bleu et or et réservée au souverain (ici Thutmôsis III) – était porté lors de cérémonies religieuses.

Ce visage n'est pas celui de n'importe qui : ses attributs, une coiffe et une barbe, le désignent bel et bien comme un pharaon.

Mais s'agit-il de la représentation artistique d'un pharaon, ou du fidèle portrait d'un souverain réel ? Les chercheurs, comme souvent, ne sont pas d'accord. Les traits du Sphinx pourraient être ceux de Khéphren, le fils de Khéops dont la pyramide s'élève non loin. Pour justifier cette hypothèse, on souligne que le temple de Khéphren et celui du Sphinx furent édifiés de façon assez similaire, avec des fondations et une organisation communes. Le Sphinx aurait alors fait partie de ce complexe funéraire. Mais le grand Khéops aurait aussi pu prêter ses traits au Sphinx, et cette dernière hypothèse semble la plus probable pour les chercheurs.

De ce débat, retenons un point, qui est certain : le Sphinx représente bien un souverain. À cela, rien d'étonnant finalement. Pharaon incarne l'unité de l'Égypte – une unité qui n'allait pas de soi. Avant d'être fusionné en un seul royaume, le pays se composait en effet d'un chapelet de cités indépendantes, qui s'égrenaient le long du Nil nourricier, entre deux principales régions : la Haute-Égypte, au sud, en amont du fleuve, et la Basse-Égypte, au nord, près de la côte méditerranéenne.

Vers 3150 avant J.-C., les deux Égyptes fusionnent et ne forment plus qu'un seul vaste royaume. À sa tête, le pharaon s'impose comme le trait d'union entre les dieux et le peuple, un dieu vivant parmi les hommes.

On distingue encore sur le front du Sphinx l'uræus, ce cobra qui protégeait Pharaon de ses ennemis.

LE DIEU PHARAON

Ne cherchez pas dans l'histoire de France un personnage équivalent au souverain de l'Égypte ancienne, il n'y en a pas. Certes, le monarque français est « roi par la grâce de Dieu » et il est « l'oint du Seigneur » – c'est-à-dire qu'il a reçu de Dieu une autorité sacrée, comme les évêques. Mais aucun de nos dynastes ne s'est prétendu « fils de Dieu », contrairement aux rois d'Égypte : les monarques égyptiens se placent sur un pied d'égalité avec les divinités !

Le papyrus surnommé par les chercheurs Canon royal de Turin *livre les noms et les années de règne de plus de 300 rois depuis le règne des dieux jusqu'aux débuts de la XVIII*e *dynastie. Selon ce document, la royauté « humaine » ne débute qu'en 4400 avant notre ère. Avant cette date, seuls les dieux, puis des demi-dieux, occupèrent le trône pendant des milliers d'années.*

La raison ? Pour les Égyptiens, leur premier roi ne fut autre qu'Osiris, envoyé sur terre par le dieu soleil, Rê. Tous les successeurs de ce souverain venu des cieux – environ 300 – sont donc eux aussi considérés comme des divinités, pendant leur vie et après leur mort.

On prête donc à Pharaon des pouvoirs surnaturels, comme celui de changer le cours du Nil ou favoriser de bonnes récoltes.

Autre prérogative divine, le pharaon dispose de la vie et de la mort de chacun de ses sujets. Roi tout-puissant, chef de l'armée et juge suprême, le pharaon doit, en échange de ces pouvoirs illimités, assurer le bien-être de ses sujets ici-bas et dans l'au-delà.

Pour ce faire, il dispose librement de la richesse du pays. Le souverain possède toute la terre d'Égypte, qu'il fait exploiter par le biais de grands dignitaires. Dans cette société sans monnaie ni argent, il ne s'agit pas pour Pharaon de s'enrichir, mais plutôt de gagner en puissance afin de redistribuer les richesses au peuple pour mériter sa vie dans l'au-delà.

Dès qu'un pharaon meurt, son successeur – de préférence son fils, pour assurer la continuité de la dynastie – monte sur le trône. Il prépare dans le même temps les funérailles du roi défunt et son propre couronnement. La croyance dans une vie après la mort provient de l'histoire d'Isis et Osiris, que tous les Égyptiens connaissaient.

Dans ce mythe, Osiris et Isis forment un couple, frère et sœur, mais aussi mari et femme. Seth, qui jalouse son frère Osiris, l'assassine et le découpe en quatorze morceaux, qu'il éparpille dans toute l'Égypte. Isis parvient à reconstituer le corps de son époux, ce qui permet à la victime de ressusciter dans l'au-delà. Cet épisode majeur de la mythologie égyptienne justifie la pratique de l'embaumement des grands personnages du pays après leur mort.

Ce n'est que sous les tout derniers pharaons d'origine égyptienne (la XXXe dynastie, au IVe siècle avant notre ère seulement) qu'apparaissent les premières monnaies dans le royaume. Jusqu'alors, les transactions s'effectuaient en nature.

Seth, frère cadet et assassin d'Osiris, représente les forces du chaos.

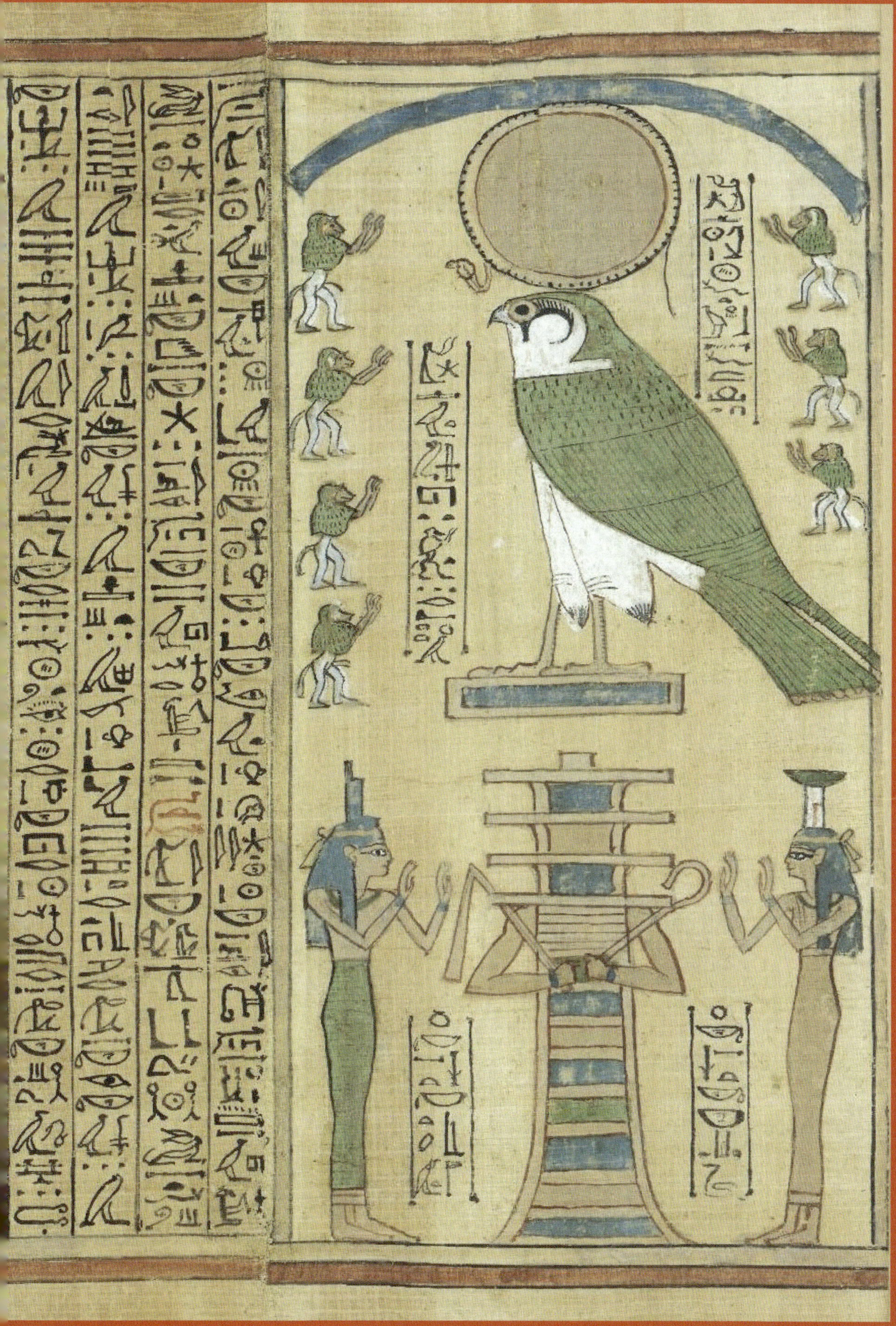

Isis et Osiris tels qu'ils apparaissent dans le Livre des morts, un recueil des textes funéraires chargés de guider l'âme du défunt après la mort.

LES PRÊTRES

Multiples fonctions sacrées

Au cœur de l'Égypte des pharaons, les serviteurs des divinités sont légion. La majorité s'attelle quotidiennement à la vénération d'une divinité spécifique. De la préparation de son autel à la gestion de son culte. Chaque officiant préside les rituels. Toutefois, certains d'entre eux peuvent jouer des rôles variés : soigneurs, gestionnaires des trésors, lettrés… D'autres se consacrent à l'astronomie ! Par l'étude des astres, ils déterminent les moments propices pour orchestrer les rituels. Lors de certaines périodes, les serviteurs des dieux ont même régné en lieu et place des souverains.

Érudition requise

Pour devenir prêtre ou prêtresse, une érudition en lecture et en écriture est requise, ainsi qu'une culture étendue. Une connaissance approfondie dans des disciplines telles que les mathématiques, l'astronomie et la littérature est indispensable. Souvent, le temple aide à la formation des nouveaux officiants qui sont généralement issus de familles sacerdotales.

Tant hommes que femmes

Dans la société égyptienne, l'accès au sacerdoce est possible aussi bien pour les femmes que pour les hommes. Les officiants peuvent fonder une famille. Néanmoins, certains choisissent de dédier toute leur existence au service des divinités.

Pureté et hygiène rituelle

Un serviteur se doit d'être intègre et immaculé. Pour ce faire, une hygiène irréprochable est de mise. Ils débutent leur journée par une purification dans un lac sacré proche du temple. Ils se rasent intégralement la tête et se vêtent exclusivement de tissus de lin pur. Il arrive qu'ils se purifient à plusieurs reprises au cours de la journée dans les eaux sacrées.

Statut privilégié

Les serviteurs des divinités jouissent d'une grande fortune, étant exemptés de taxes par le pharaon. Leur subsistance provient des présents déposés par les fidèles en hommage à la divinité.

Maîtres de la médecine ancienne

Outre leur rôle spirituel, certains prêtres se spécialisent dans la médecine, utilisant des connaissances avancées en herboristerie et en soins pour guérir maladies et blessures.

Conseillers de justice et ordre social

Les serviteurs des dieux ne se contentent pas de pratiques rituelles ; ils servent également de conseillers juridiques et sociaux, aidant à résoudre les conflits et à interpréter les lois selon les principes religieux.

Pharaon, souverain et figure divine pour son peuple, méritait bien ce magnifique Sphinx érigé en son honneur ! Une œuvre qu'il faut imaginer à l'origine entièrement peinte, comme nos cathédrales médiévales.

Chacune des couleurs employées revêt une signification précise, tant les croyances égyptiennes accordent une importance particulière aux symboles. La tête et le corps du Sphinx portent une peinture rouge-brun, couleur qu'utilisaient les artistes pour représenter la peau de l'homme (celle des femmes tirait vers un rouge plus orangé). En choisissant cette teinte, les Égyptiens donnent vie au Sphinx, et le transforment en une créature prête à bondir. Le bleu et le jaune de la coiffe, qui reprennent les couleurs de celles portées par Pharaon, soulignent la part divine de cette sculpture : le bleu symbolise le ciel, et donc le lien direct avec l'au-delà et les dieux ; le jaune, le soleil et l'immortalité.

Si le Sphinx a perdu ses couleurs depuis longtemps, il a également égaré son nez… Mais inutile d'accuser Obélix, comme on peut le lire dans *Astérix et Cléopâtre* !

Pendant longtemps, la légende d'un vandalisme des armées de Bonaparte a prévalu : durant la campagne d'Égypte de 1798 à 1801, des artilleurs français auraient braqué leurs canons sur le visage du Sphinx. Une *fake news* reprise dans le récent *Napoléon*, de Ridley Scott.

Le Sphinx fut sauvé des sables qui manquèrent de l'ensevelir à plusieurs reprises. Au XVIIIe siècle, un dessin du peintre Luigi Mayer montre que seule la tête de la sculpture émerge. Ce n'est qu'à partir de la fin du XIXe siècle que, sous l'impulsion du Français Maspéro, le désensablement du monument sera réalisé, révélant son corps après des siècles d'oubli.

Toutes les gravures de l'époque montrant Napoléon devant la sculpture en attestent : le Sphinx avait déjà perdu son nez !

En réalité, on date cette mutilation du XIVe siècle, plus précisément de 1378, quand un religieux musulman, désireux de s'opposer à tout culte rendu au Sphinx, aurait défiguré le monument à coups de masse. Ce qui lui valut la pendaison. Pourtant, malgré sa détermination, notre iconoclaste aurait eu bien du mal à détruire totalement notre Sphinx.

Car, contrairement aux pyramides, ce monument n'a pas été édifié bloc par bloc, mais taillé à même le roc, dans un éperon calcaire naturel. Une sculpture taille XXXL ! Les ouvriers ont d'abord façonné la tête, puis ont modelé la colline pour lui donner la forme d'un corps. On estime à un million d'heures le temps de travail...

Si le Sphinx est aujourd'hui mondialement connu, il apparaît pourtant peu dans les textes anciens. Quelques auteurs le mentionnent au IIIe siècle de notre ère, puis il semble tomber dans l'oubli. La raison, toute simple, est à chercher dans l'environnement du monument : les sables du désert recouvrirent peu à peu le Sphinx, au point de le faire presque disparaître. Il y a quelques siècles encore, seule sa tête monumentale émergeait, et rien ne laissait présager l'existence d'une sculpture plus importante.

Ce phénomène de disparition n'avait rien de nouveau. On peut dire que le Sphinx a été plusieurs fois sauvé des sables, et ce dès l'Antiquité ! Vers 1400 avant notre ère, Thoutmôsis fait un songe dans lequel le Sphinx lui-même lui demande de le dégager des sables. En échange, il lui assurera l'accession au trône.

> *« Mon visage est tourné vers toi, et mon cœur vole vers toi ;*
> *vois l'état où je suis et mon corps douloureux, moi le maître du plateau de Gizeh !*
> *Le sable du désert sur lequel je trône s'avance vers moi ; aussi dois-je me hâter de te confier*
> *la réalisation de mes vœux, car je sais que tu es mon fils qui va me protéger. »*

Texte de la stèle dite du Songe, élever par Thoutmôsis IV entre les pattes du grand sphinx.

Pour commémorer l'événement, Thoutmôsis IV, une fois monté sur le trône, ordonne l'érection d'une stèle placée entre les pattes de la créature dégagée.

Par la suite, le désert va de nouveau engloutir la sculpture. Ce n'est qu'au début du XIXe siècle que les archéologues le dégageront une nouvelle fois de sa gangue de sable, mais il faudra attendre les années 1960 pour que les visiteurs puissent enfin l'admirer dans sa totalité.

Considéré comme le gardien de la nécropole de Gizeh, le Sphinx ne veillait pas seulement sur cet espace sacré où reposent les pharaons. Il surveillait aussi un lieu plus vivant, aujourd'hui totalement disparu : le port de Gizeh, dont nous avons parlé dans les pages abordant la construction des pyramides.

À proximité du temple de Khéphren, on devine encore aujourd'hui les vestiges du port.

Coiffé de papyrus (symbole de la Haute-Égypte) et d'une fleur de lotus (symbole de la Basse-Égypte), Hâpy personnifie la nature divine du Nil et plus spécifiquement les phénomènes naturels qui lui sont attachés, comme la crue et son pouvoir fertilisant. Une générosité signalée par le ventre proéminent du dieu.

Il y a plus de 4 000 ans, un bras du Nil, aujourd'hui asséché, longeait le plateau. Les Égyptiens l'ont alors détourné afin d'alimenter un bassin artificiel au pied du Sphinx. Comme nous l'avons vu, ces grands travaux facilitent l'approvisionnement du chantier en pierres... mais aussi en bras ! C'est par le fleuve que les milliers d'ouvriers se rendent sur le chantier. Ces derniers trouvent à se loger à proximité de leur lieu de travail, dans un village sorti de terre pour l'occasion. Sans le Nil, rien n'aurait pu être édifié sur le plateau de Gizeh. Les Égyptiens le savent bien puisqu'ils élèvent le fleuve au rang de divinité. Un dieu de plus dans un panthéon qui en compte un bon millier...

LA RONDE DES DIEUX

Polythéistes, les Égyptiens vénèrent une multitude de dieux, car on leur doit la création du monde et de la vie. Le panthéon égyptien en compte plus de mille, certains connus et vénérés dans tout le pays, d'autres célébrés plus localement. Ce monde divin n'est pas figé, les Égyptiens invoquent des dieux différents suivant les époques et les lieux, malgré quelques divinités maîtresses.

On les représente sous des formes très différentes : ainsi prennent-elles parfois une apparence humaine, comme Osiris ou Amon, tandis que d'autres, nombreuses, empruntent tout ou partie de leur physique à des animaux.

Malgré cette diversité, tous les Égyptiens partagent les mêmes mythes, qui ont évolué au fil des siècles. On y trouve d'abord les neuf dieux de la création, qui forment l'Ennéade (*Pésédjet*, en égyptien). Ces divinités représentent toutes les forces de l'univers : le démiurge Atoum, l'humidité Tefnout, l'air Chou, la terre Geb, le ciel Nout, Osiris, Isis, Seth et Nephtys.

Dans la mythologie égyptienne, au commencement des temps, l'univers n'est qu'un gigantesque océan. De cette eau primordiale naît le premier dieu, Rê, dieu du soleil. Coiffé d'un disque solaire et protégé par un cobra, il est l'un des plus anciens dieux égyptiens.

Mi-homme, mi-faucon, il se déplace dans le ciel du matin au soir, d'est en ouest, à l'aide d'une barque.

Son adversaire n'est autre qu'Apophis, le dieu de la nuit. Vainqueur d'un combat quotidien, chaque matin Rê surgit de nouveau à l'est et chasse les ténèbres. Les hommes sont nés des larmes de ce dieu solaire. Il les versa à sa naissance, aveuglé par la lumière du jour.

Le tribunal d'Osiris, lors de la pesée des âmes des morts, se compose des dieux de l'Ennéade – les neuf dieux de la création.

Cet exemplaire du Livre des morts, dit « papyrus d'Ani », recueille des formules religieuses destinées à conduire l'âme du défunt vers le dieu soleil Rê. Ici sont représentés les dieux qui accompagnent Osiris, le dieu sauveur qui garantit la survie de l'âme.

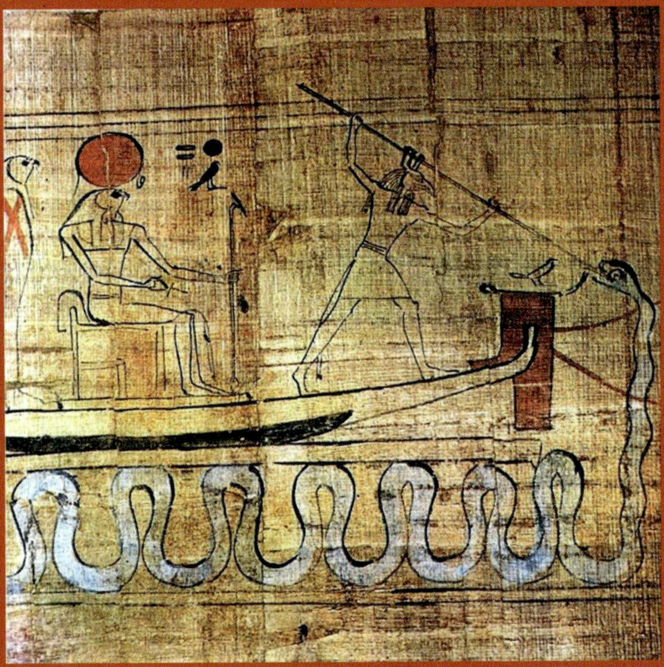

Depuis sa barque solaire, Rê mène la lutte contre son adversaire, le sinistre serpent géant Apophis, dieu de la nuit et des forces maléfiques.

Au commencement, Rê naît d'un œuf. Sortant de sa coquille, il est aveuglé par la lumière et de ses larmes naîtront les hommes. La belle Hélène, fille de Zeus, naît elle aussi (ci-contre) d'un œuf, tout comme le dieu égyptien.

Rê va également donner le jour à des divinités : Chou, dieu de l'air, et Tefnout, déesse de l'eau. En s'unissant, Chou et Tefnout donnent naissance à Nout, déesse du ciel, et à Geb, le dieu de la terre. Ces derniers engendrent à leur tour Osiris, Isis, Seth et Nephtys, également destinés à s'unir.

Osiris est assassiné par Seth, nous l'avons vu. Sa veuve Isis, après avoir reconstitué le corps du défunt, le fait momifier par Anubis afin de le ressusciter. Osiris devient alors le dieu du monde souterrain et préside le tribunal des morts. En pesant le cœur du mort, il décide du sort de ce dernier : lourd, il est dévoré par un monstre ; léger, il accède à la vie éternelle.

Osiris passe pour le premier souverain égyptien. Voilà pourquoi on le représente coiffé d'une couronne pharaonique. Sœur et épouse d'Osiris, Isis est la déesse mère de la vie, vénérée pour sa ruse et son intelligence. Souvent, elle porte un trône sur sa coiffe et un ânkh dans la main, symbole de vie pour les Égyptiens.

Portant un disque solaire entre deux cornes de vache, Isis transmet le ânkh – mot qui signifie « vie » – à la reine Néfertari.

Toutou, le meilleur ami des hommes.

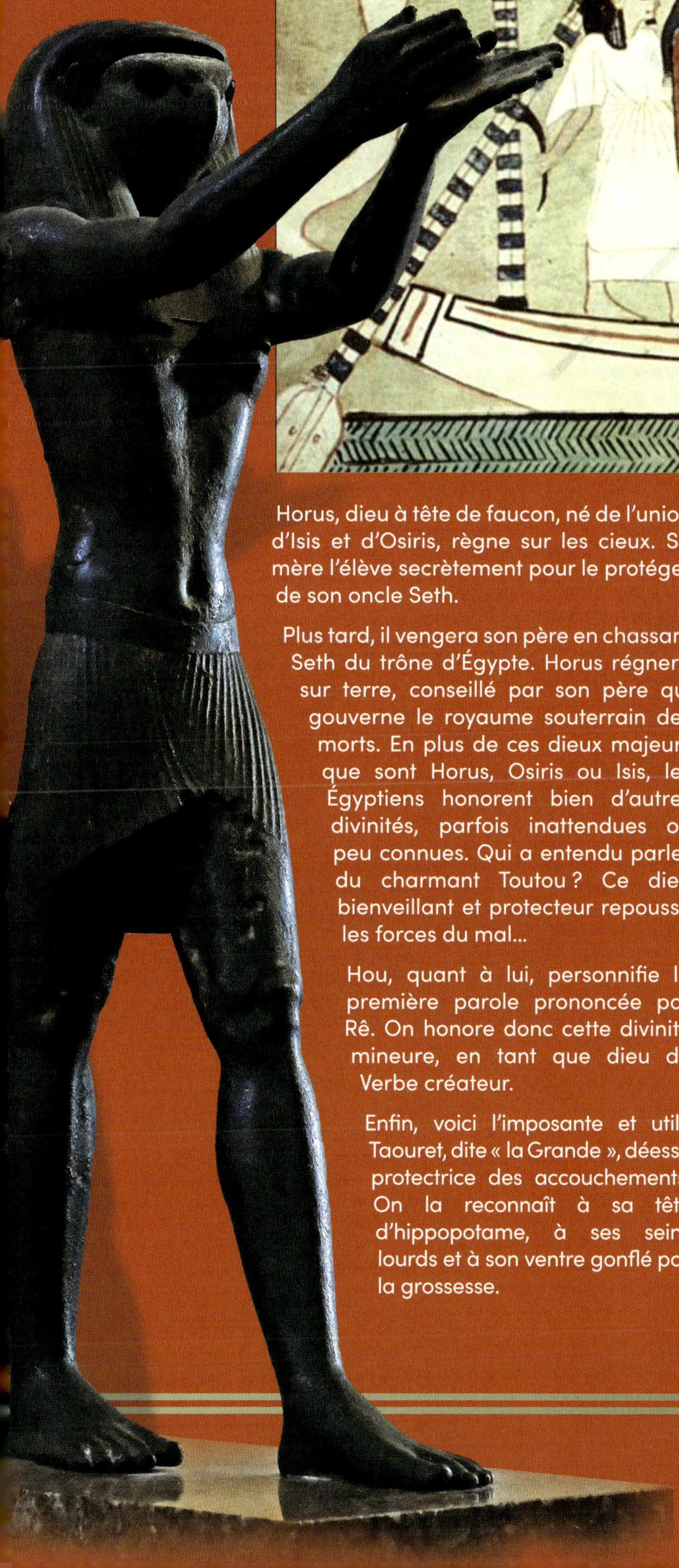

Les artistes égyptiens représentaient Hou (2e à gauche), incarnation du souffle et de l'art de discourir, avec une langue placée au-dessus de sa tête.

Horus, dieu à tête de faucon, né de l'union d'Isis et d'Osiris, règne sur les cieux. Sa mère l'élève secrètement pour le protéger de son oncle Seth.

Plus tard, il vengera son père en chassant Seth du trône d'Égypte. Horus régnera sur terre, conseillé par son père qui gouverne le royaume souterrain des morts. En plus de ces dieux majeurs que sont Horus, Osiris ou Isis, les Égyptiens honorent bien d'autres divinités, parfois inattendues ou peu connues. Qui a entendu parler du charmant Toutou ? Ce dieu bienveillant et protecteur repousse les forces du mal…

Hou, quant à lui, personnifie la première parole prononcée par Rê. On honore donc cette divinité mineure, en tant que dieu du Verbe créateur.

Enfin, voici l'imposante et utile Taouret, dite « la Grande », déesse protectrice des accouchements. On la reconnaît à sa tête d'hippopotame, à ses seins lourds et à son ventre gonflé par la grossesse.

Horus représenté ici protégeant le pharaon Khéphren.

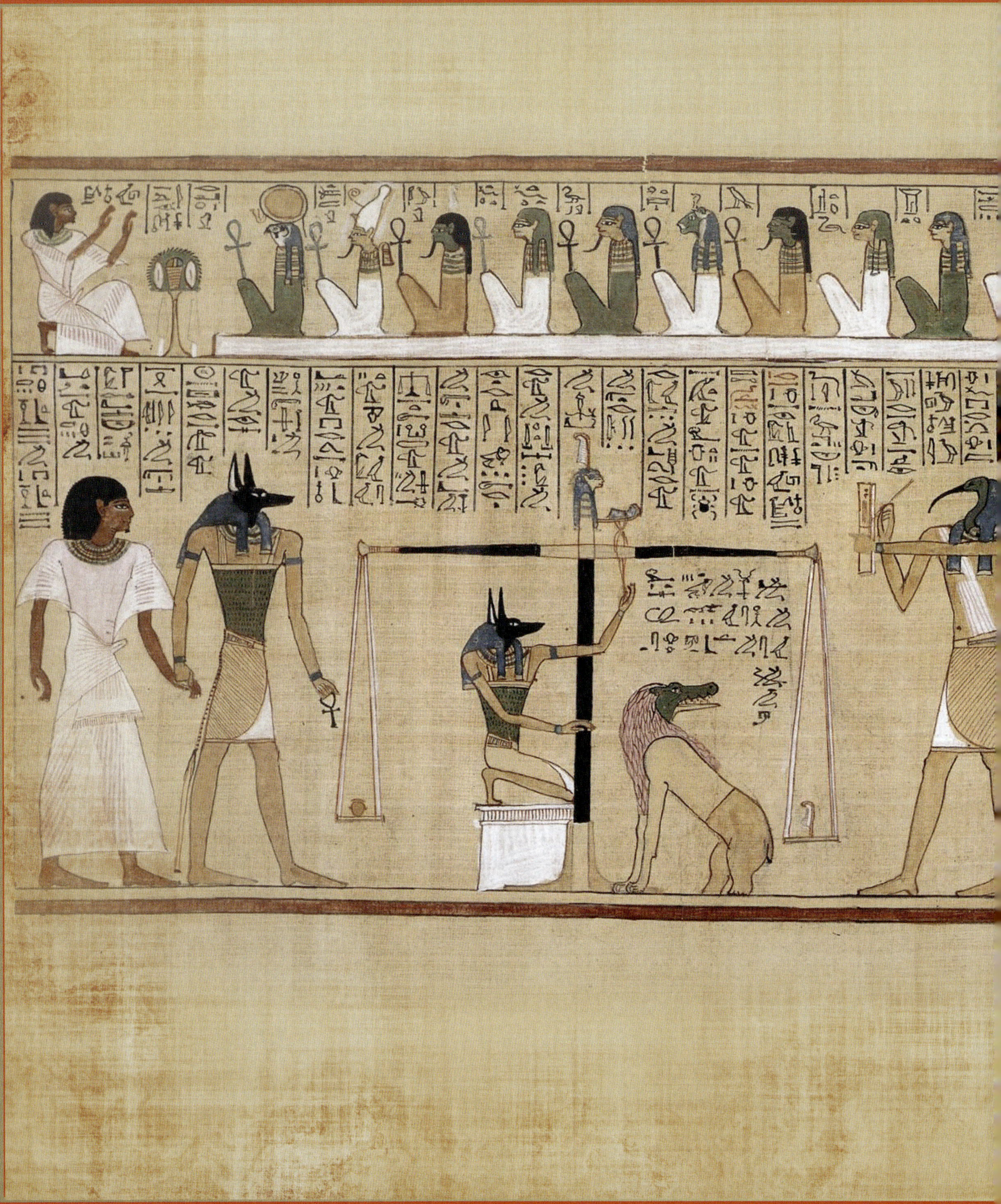

Le défunt (à gauche), vêtu de blanc, est conduit par Anubis devant le tribunal présidé par Osiris (à droite, sur son trône). Anubis place alors le cœur du trépassé sur la balance. Siège de la conscience et de l'âme, il doit peser moins lourd qu'une plume d'autruche, qui symbolise la déesse de la vérité Maât. Si le mortel passe l'examen, Thot et Horus le conduisent auprès d'Osiris. Dans le cas contraire, l'âme sera jetée dans la gueule de « Dévoreur », un monstre en partie lion, crocodile et hippopotame, posté au pied de la balance.

LES ANIMAUX
DANS L'ÉGYPTE ANTIQUE

En Égypte pharaonique, le règne animal était enveloppé de divinité et chaque créature était vénérée comme un symbole vivant des dieux.

Les prédateurs redoutés

Le crocodile, incarnant le dieu Sobek, était à la fois craint et vénéré pour sa force. Le cobra, associé à la royauté et à la déesse protectrice Ouadjet, était un emblème sur les couronnes des pharaons.

Les animaux sauvages

Admirés pour leur grâce et leur puissance, la gazelle et le taureau sauvage étaient souvent chassés mais aussi respectés. L'hippopotame, bien qu'associé à la fertilité et à la renaissance, était craint pour sa dangerosité.

Les animaux domestiques

Animaux fidèles et utiles, le chat était associé à la déesse Bastet, protectrice du foyer et symbole de la fertilité, tandis que le chien représentait Anubis, le guide des âmes dans l'au-delà. Bovins et ovins étaient essentiels à l'agriculture et à l'alimentation, et les abeilles, maîtresses de la pollinisation, étaient un signe de royauté.

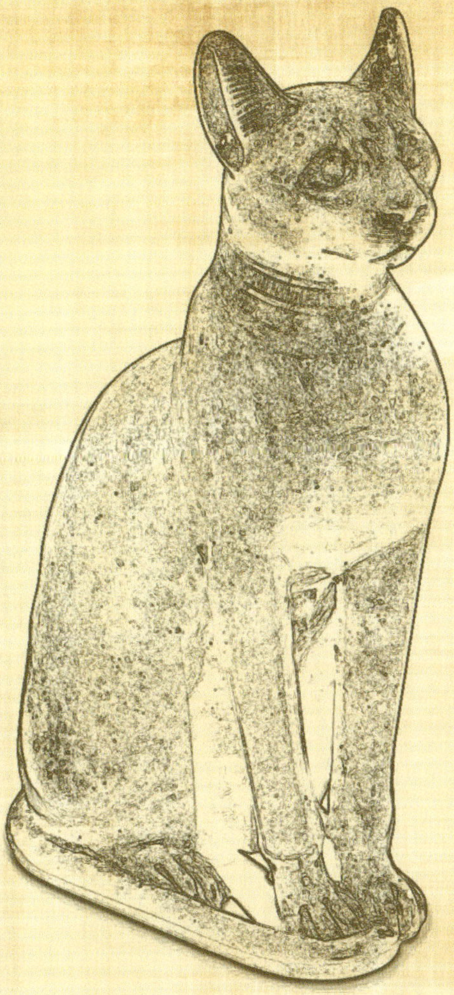

Le chat, protecteur sacré

Les chats étaient tellement sacrés que tuer un chat, même accidentellement, constituait un crime puni de mort. En période de deuil, les familles se rasaient les sourcils en signe de chagrin pour la perte de leur chat domestique.

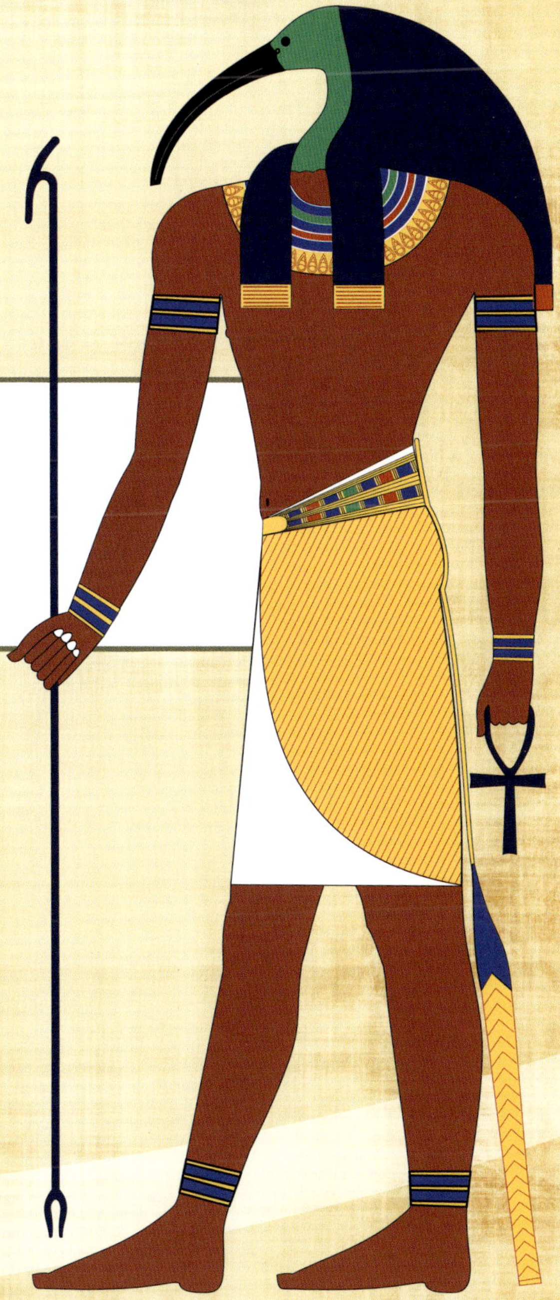

Divinités zoomorphes

L'animalité divinisée : le faucon incarnait Horus, symbole de protection et de pouvoir royal. Le taureau Apis était un intermédiaire entre les hommes et les dieux, et l'ibis, oiseau de Thot, était le gardien du savoir et de la sagesse.

Le scarabée, symbole d'éternité

Le scarabée, ou bousier, était sacré car son comportement de rouler des boules était associé à Khepri, le dieu solaire de la renaissance et de la création. Il symbolisait la transformation et le cycle perpétuel de la vie.

CHAPITRE 3

UNE CIVILISATION SAVANTE

Cette pyramide est très spéciale... On ne le dirait pas car elle est beaucoup plus petite que celle de Khéops, et pourtant cet édifice est le fruit d'une réflexion et de calculs absolument géniaux. Elle matérialise le génie égyptien de l'Antiquité !

Les pierres taillées sont toutes inclinées de 15 degrés environ. Pourtant il n'y avait pas d'outils de mesure précis... Les scientifiques d'aujourd'hui se sont rendu compte que les Égyptiens parvenaient à calculer la surface d'un disque sans connaître la valeur du nombre pi ! Avec une erreur de seulement 0,6 %.

Loránt Deutsch

Savante, la civilisation égyptienne l'était assurément ! Pour s'en rendre compte, il faut aller là où a débuté l'incroyable aventure des pyramides, à Saqqarah, près de Memphis, à 30 kilomètres au sud du Caire. C'est là que fut édifiée la première pyramide de l'histoire égyptienne, sous le règne du pharaon Djoser.

Nous sommes vers 2650 avant notre ère. À cette période, toute l'Égypte est unifiée. Le pharaon Djoser, très aimé de son peuple, veille sur la Basse et la Haute-Égypte. Sous le règne de ce fondateur de la IIIe dynastie naît une innovation qui marquera la civilisation égyptienne et étonnera le monde : un monument jamais vu, en forme de pyramide.

Djoser reposait sous sa pyramide, qui symbolisait la permanence du pouvoir du pharaon, au-delà de sa mort.

Une révolution architecturale à l'unisson des nombreuses avancées scientifiques qui marquent la civilisation égyptienne. Cette pyramide « à degrés » – autrement dit à étages – diffère radicalement de celles, plus tardives, qui s'élèveront à Gizeh... Bien plus modeste que la pyramide de Khéops (60 mètres contre 147), moins connue et moins visitée aussi, elle est pourtant le fruit d'une réflexion et de calculs absolument géniaux. Elle est en quelque sorte la matérialisation du génie égyptien de l'Antiquité !

L'originalité de cette pyramide réside dans sa réalisation : elle n'a en effet pas été édifiée d'un seul jet, mais en plusieurs étapes, modifiant radicalement son apparence. C'est à sa construction que la forme pyramidale a été utilisée pour la première fois en Égypte, et probablement dans toute l'histoire de l'humanité !

Ce monument, comme toutes les pyramides, est donc un tombeau, celui de Djoser. Ce dernier a confié à son architecte Imhotep le soin de lui construire sa demeure d'éternité. À l'époque, les tombeaux offrent une apparence assez rudimentaire, une sorte de gros parallélépipède, plus ou moins grand selon le statut du dignitaire qui allait y reposer.

Ces *mastabas* – c'est le nom de ce type de monuments – abritent une chapelle et la sépulture de l'occupant. Bâtis en terre crue, ils ne dépassent guère les 8 mètres de haut. Au sous-sol s'ouvre un puits menant à la chambre funéraire, où l'on dépose la dépouille ainsi que les offrandes aux dieux.

Djoser rompt avec les anciennes traditions architecturales grâce au génie de son conseiller et architecte Imhotep.

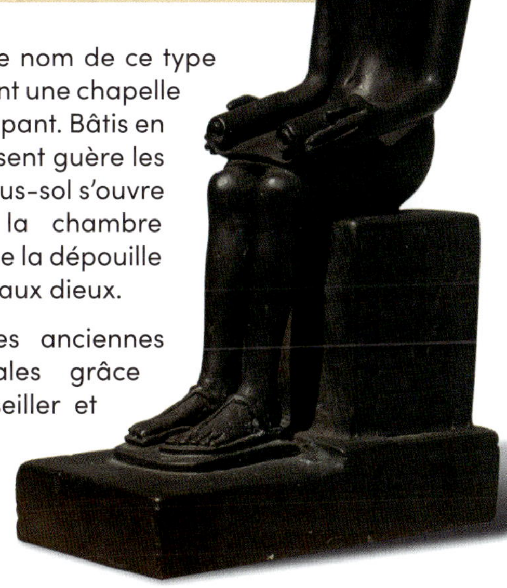

Architecte du pharaon Djoser, Imhotep révolutionne l'art de la construction égyptienne – et mondiale ! – en élevant la première pyramide à degrés à Saqqarah. Ce coup de maître lui vaudra d'être honoré durant la Basse Époque (de 664 à 332 avant notre ère) comme un dieu savant et guérisseur.

La pyramide de Djoser et sa colonnade (à droite).

Liste des rois d'Égypte, dans la nécropole d'Abydos, en Haute-Égypte.

IMHOTEP, TOUS LES TALENTS SONT PERMIS

Rares sont les architectes de l'Antiquité dont le nom est parvenu jusqu'à nous. Imhotep est l'un de ceux-là. Sur le socle d'une statue du roi Djoser (aujourd'hui conservée au musée égyptien du Caire), une inscription le présente comme « le chancelier du roi de Basse-Égypte, le premier après le roi de Haute-Égypte, administrateur du grand palais, noble héréditaire, grand prêtre d'Héliopolis, Imhotep, le constructeur, le sculpteur ».

Dans l'Antiquité, les Égyptiens révèrent Imhotep comme un dieu, et lui attribuent une multitude de compétences. Dans le domaine de l'architecture bien sûr, mais aussi dans celui de l'écriture – chaque scribe était tenu de verser une libation en son honneur avant de se mettre au travail –, l'astrologie, la science...

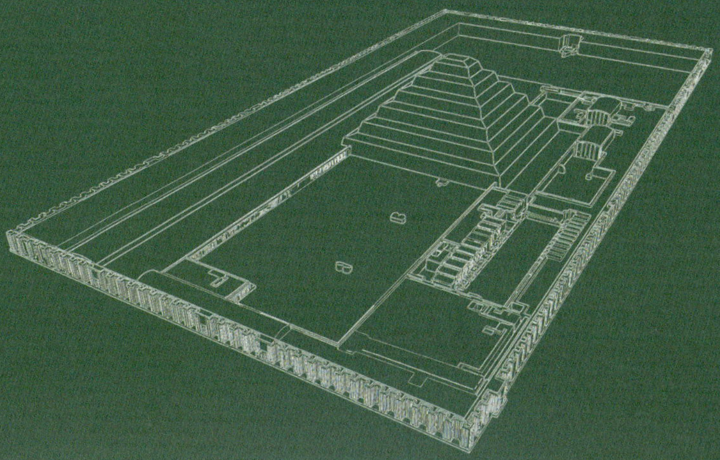

Statue en or, argent et bronze d'Imhotep, conservée au musée égyptien du Caire. Il tient sur ses genoux une feuille de papyrus enroulée aux deux extrémités, sur laquelle est inscrit un sortilège votif.

Imhotep se détourne des matériaux de construction traditionnels, comme la brique, pour édifier en pierre temples et tombeaux. Fabrication de briques, fresque, tombe de Rekhmirê, Thèbes, XVIIIe dynastie (1550-1292 avant notre ère).

Les Égyptiens lui attribuent une « Sagesse », un recueil de prescriptions et de prohibitions visant à régler les comportements. Considéré comme un habile médecin, il est associé, à l'époque gréco-romaine, au dieu guérisseur Asclépios. Mieux ! À Memphis, on lui élève un grand temple dans lequel il rend ses oracles, et un quartier de la ville porte son nom. Chaque année, le peuple lui consacre six jours de fête et nombre de fidèles érigent des statues à son effigie. Plus incroyable encore, les prêtres du temple d'Edfou, pourtant construit plus de 2 millénaires après sa mort, en font l'architecte de leur sanctuaire – un pieux mensonge qui les place sous le patronage d'un éminent personnage, devenu membre du panthéon divin...

Pour le grand historien égyptien Manéthon, on doit à Imhotep l'abandon de la brique de terre comme matériau de construction des temples et tombeaux funéraires, remplacée par la pierre. Une évolution qui ouvre la voie à de nouveaux modèles architecturaux, comme la pyramide à degrés.

Le souvenir du génial architecte ne sombre pas avec la disparition de l'Égypte pharaonique. 4 000 ans après sa mort, en Europe, lettrés et savants le prennent encore comme référence dans l'élaboration des rites alchimiques et maçonniques. Au XXe siècle, la pop culture s'en empare grâce au cinéma : le fameux mort-vivant du film *La Momie* (1932), interprété par Boris Karloff, s'appelle Imhotep ! Et, en 1960, les astronomes baptisent de son nom un astéroïde qui, alors que vous lisez ces lignes, continue de parcourir les cieux...

Admirons donc l'efficacité de la pyramide à degrés de Saqqarah, qui a assuré la survie éternelle de Djoser et de son fidèle conseiller Imhotep !

Ramené à la vie, Imhotep reprend du service sur la pellicule en 1932 dans le film américain La Momie.

LES ARTISANS

*Reconnus pour leur maîtrise artistique,
les artisans de l'ancienne Égypte ont façonné les merveilles du pays,
incluant les vases, parures, et ameublement...*

Les céramistes

Ils créaient des récipients, figurines, jarres et cruches soit à la main, soit avec un tour de potier ou en utilisant une simple corde, puis les cuisaient dans des fours construits en brique.

Les tisserands de lin

Très estimés, les tissus égyptiens étaient élaborés principalement à partir de lin pour les vêtements des dames et de simples pagnes pour les messieurs.

Les bâtisseurs

Ils érigeaient les demeures et palais royaux. Leur matériel de prédilection était la brique, moulée à partir de limon humide puis séchée sous le vif soleil égyptien.

Les ébénistes et charpentiers navals

Les ébénistes façonnaient des meubles élégants tels que des lits, sièges, coffres, ainsi que les roues des chars de guerre et des pièces pour les embarcations. Pour les navires, une protection contre les intempéries était assurée par l'application d'une couche de poix et de cire sur le bois. Les charpentiers, quant à eux, étaient spécialisés dans la construction de barques pour le transport de matériaux, ainsi que des navires de parade luxueux sillonnant le Nil.

Les artisans du cuir

Ces professionnels transformaient les peaux brutes en cuir souple en les raclant, en les nettoyant dans un bain d'huile, puis en les séchant sous le soleil. Ce cuir était principalement utilisé pour confectionner des sandales, des sacoches et les étuis d'arc pour les guerriers.

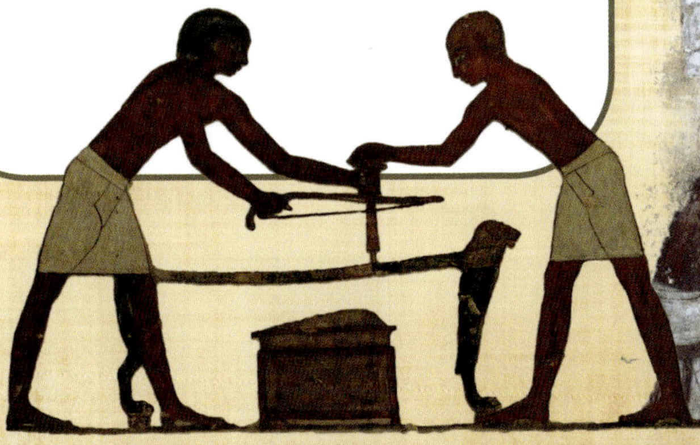

Les peintres décorateurs

Ils étaient chargés de l'embellissement des surfaces murales des temples et tombes, en utilisant des pigments naturels pour créer des fresques racontant des histoires des dieux et pharaons.

Les sculpteurs de pierre

Ces habiles artisans façonnaient la pierre pour créer des statues, des stèles et des éléments architecturaux détaillés pour les temples et les monuments funéraires.

L'utilisation de blocs de pierre permet à Imhotep de donner au tombeau de Djoser des proportions exceptionnelles, à la hauteur du rang et de la renommée de son occupant. Mais le constructeur mûrit un projet bien plus grandiose : celui de parvenir à souligner, par une architecture révolutionnaire, le lien particulier qui existe entre le pharaon et les dieux. Il y parviendra, en inventant une architecture innovante, qui monte vers le ciel...

Sous la pyramide, certaines des parois des salles s'ornaient de décors de céramique, aujourd'hui reconstitués.

Imhotep réalise une structure à gradins, qui symbolise un escalier mettant en communication le monde céleste et le monde terrestre. Grâce à cet « escalier », les dieux descendent sur terre et l'âme du défunt pharaon, à coup sûr, monte au ciel prendre place auprès des divinités.

Trois degrés sont d'abord édifiés au-dessus du mastaba, composant ainsi un édifice à quatre gradins. Mais, la vie éternelle de Djoser étant en jeu, Imhotep agrandit encore la base de sa pyramide, et ajoute deux gradins supplémentaires. Aujourd'hui, ce monument s'élève à 60 mètres du sol et sa base mesure encore 109 mètres par 121. Elle est presque huit fois plus haute que toutes les sépultures jamais vues auparavant ! La pyramide de Djoser sert de modèle d'inspiration à toutes les suivantes. Son appareillage de pierre est déjà recouvert d'un calcaire immaculé. Au total, une centaine de pyramides ont été construites au cours des 3 siècles qui ont suivi.

Les innovations d'Imhotep, au XXVIIIe siècle avant notre ère, ont connu un succès difficilement imaginable... et 48 siècles plus tard, on ne compte plus les pyramides ! Memphis (l'autre, celle qui se trouve aux États-Unis) abrite la troisième plus haute pyramide du monde derrière celle de Khéops et celle du Luxor Hotel, encore aux États-Unis !

Première pyramide de l'Histoire, la pyramide de Djoser est aussi le plus ancien monument en pierres taillées de toute l'Égypte.

La pyramide de Memphis (ville du Tennessee fondée sous ce nom en 1819 en l'honneur de la cité égyptienne), édifiée en 1991.

Le plateau de Saqqarah abrite en quelque sorte le premier programme architectural connu de l'Histoire, en lisière du désert – c'est-à-dire du monde des morts – : 1 600 hectares où se concentrent une nécropole et ses monuments, des temples, des magasins, des lieux d'offrandes, mais aussi… des « maisons de momification ». L'un des autres grands savoir-faire que possédaient déjà les Égyptiens de l'Antiquité !

Le Luxor Hotel, à Las Vegas, ouvert en 1993.

L'ART DE L'EMBAUMEMENT

Selon les croyances religieuses antiques, c'est Osiris qui révèle aux hommes les techniques de la momification. Tué par son frère Seth, son corps est momifié par Isis et Anubis, le patron des embaumeurs. La raison de ces soins post-mortem chez les anciens Égyptiens est de taille, car pour revivre dans l'au-delà, il faut posséder un corps aussi impeccable que celui d'Osiris.

La momification des corps ne date pas d'hier, ni même des Égyptiens. Elle remonte à la lointaine préhistoire. En Haute-Égypte, à cette époque, l'habitude se prend de déposer les défunts dans une fosse creusée dans le sable, puis recouverte d'un monticule de pierres. Le désert fait des miracles, grâce à son climat chaud et sec. L'humidité est absorbée, ce qui empêche le développement des bactéries responsables de la décomposition. Le résultat ? Un dessèchement naturel du cadavre, qui conserve une apparence assez proche de celle du vivant. Le visiteur du British Museum, à Londres, peut le constater en observant la momie surnommée Ginger, un Égyptien vieux de 5 400 ans.

En 3000 avant J.-C., on commence à envelopper les cadavres de bandelettes de lin imbibées d'un baume, mais qui n'empêchent pas toujours la décomposition.

Vers 2600 avant notre ère, les techniques funéraires progressent avec l'éviscération des organes logés dans le ventre. Une fois retirés du corps, on les traite à part avec du natron (une sorte de soude). Ce minéral naturel à base de carbonate de sodium est extrait du Ouadi Natroun, un désert entre Le Caire et Alexandrie.

Les embaumeurs modifient également la position finale du corps, en abandonnant la position fœtale pour faire reposer le défunt allongé sur le dos. Afin de lui donner un aspect vivant, les embaumeurs recouvrent de plâtre les bandelettes enveloppant le visage, puis ils y peignent sourcils, yeux, nez et bouche. Plus tard, le natron, réservé jusque-là aux viscères, s'utilise pour conserver la totalité du corps. La substance prend de vitesse les bactéries en éliminant les graisses et en asséchant les chairs et la peau.

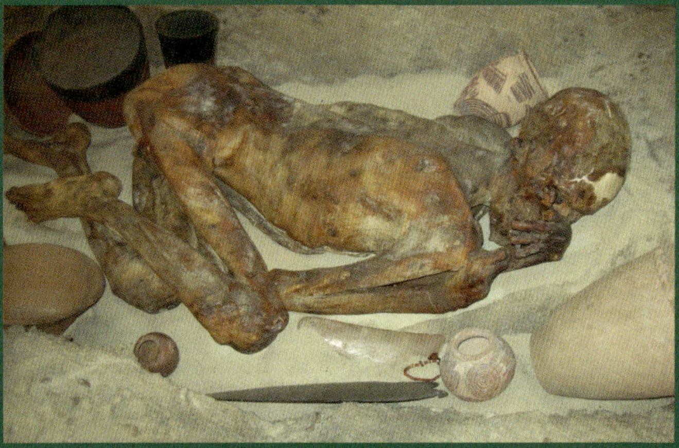

Baptisé Ginger, ce jeune homme fut découvert à Naga el-Gherira, au sud de Louxor à la fin du XIXe siècle. Il a été naturellement momifié par le climat du désert égyptien après sa mort violente (tué d'un coup de poignard dans le dos…). Un crime de l'âge de pierre récemment dévoilé grâce à une analyse au scanner.

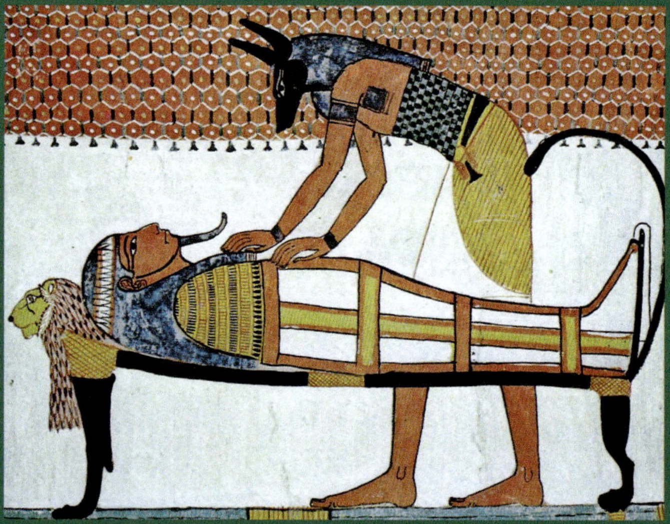

Anubis en plein travail d'embaumement.
Peinture de la tombe de Senedjem à Louxor (XXe dynastie, 1196-1193 avant notre ère).

Au cours du Nouvel Empire (vers 1580-1085 avant notre ère), les embaumeurs retirent le cerveau du crâne. Vers 1351, leur savoir-faire se complexifie encore : désormais, on redonne du volume au corps vidé de ses organes en utilisant un tissu de bourrage. Une pratique qui, réservée au départ à Pharaon, s'étendra par la suite aux hautes castes de la société.

Scrupuleux ouvriers dépositaires de techniques complexes, les embaumeurs appartiennent à la caste sacerdotale, puisque leurs connaissances ouvrent l'immortalité au défunt. Ce dernier partage ainsi le destin d'Osiris, le dieu qui a vaincu la mort.

LES MYSTÈRES DE LA MOMIFICATION

Dans l'Égypte ancienne, l'embaumement et la momification étaient considérés comme des arts sacrés, essentiels pour assurer un passage sûr dans l'au-delà. Ce processus complexe et minutieux reflète la croyance profonde des Égyptiens dans l'immortalité et leur compréhension avancée de la préservation du corps.

LE RITUEL DE L'EMBAUMEMENT

Purification du corps

Le corps du défunt était lavé dans le Nil ou avec de l'eau salée pour le purifier.

Extraction des organes internes

Les organes internes, sauf le cœur, étaient retirés. Le cœur était considéré comme le siège de l'intelligence et devait rester dans le corps pour le jugement dans l'au-delà.

Traitement des organes

Les organes étaient traités séparément et souvent placés dans des vases canopes pour être préservés.

Association

Chaque vase est lié à un fils d'Horus pour sa protection spécifique. Les couvercles représentent têtes de protecteurs divins.

Amulettes

Elle apportent protection et pouvoirs magiques au défunt.

Le scarabée du cœur protège contre les témoignages négatifs au jugement.

Les amulettes sont insérées entre les bandages de lin.

LA MOMIFICATION

Dessiccation

Le corps était rempli de natron (sel naturel) et laissé à sécher pendant 40 jours pour enlever toute humidité.

Restauration du corps

Après la dessiccation, le corps était lavé et enduit d'huiles pour garder la peau élastique.

Enroulement dans des bandages

Le corps était enroulé dans des bandes de lin, entre lesquelles on plaçait des amulettes pour protéger le défunt. Ce processus pouvait prendre jusqu'à 15 jours.

Le masque funéraire

Un masque, souvent en or, était placé sur le visage du défunt, servant de substitut au visage et offrant une forme tangible à son âme (*ka*).

LES PRATIQUES FUNÉRAIRES

Le rituel de l'ouverture de la bouche

Ce rituel était effectué pour permettre au défunt de respirer et de parler dans l'au-delà.

L'enterrement

Les momies étaient placées dans des sarcophages richement décorés et enterrées dans des tombes ou des pyramides avec des objets destinés à être utilisés dans l'au-delà.

La nécropole de Saqqarah accueille pendant près de 3 millénaires les souverains issus de multiples dynasties. Immense, le site n'a pas été entièrement dégagé et, chaque année, des campagnes de fouilles mettent au jour de nouveaux vestiges. Récemment, en mai 2022, une mission archéologique égyptienne a exhumé 250 sarcophages encore intacts – mais d'époque « récente », datés du Vᵉ siècle avant notre ère – et une cache de 150 statues en bronze, dont l'une à l'effigie de l'incontournable Imhotep.

Les découvertes de 2022.

La nécropole de Saqqarah n'est donc pas près d'avoir livré tous ses secrets, même si des égyptologues consacrent toute leur vie à la fouiller. Jean-Philippe Lauer (1902-2001), un grand archéologue français, y a passé 75 ans !

Lorsque Jean-Philippe Lauer découvre Saqqarah pour la première fois, à peine âgé de 24 ans, c'est un tel coup de foudre qu'il décide de consacrer sa vie de chercheur à ce lieu magique... Parmi ses découvertes, la superbe enfilade de colonnes que le visiteur emprunte en arrivant. Ce site, mais aussi toute l'égyptologie mondiale lui sont extrêmement redevables.

Jean-Philippe Lauer appartient sans nul doute à cette longue chaîne de scientifiques français qui a contribué à lever le voile sur la mystérieuse civilisation égyptienne. Parmi nos compatriotes, il en est un autre que tout le monde connaît grâce à son exploit, celui de percer les secrets des hiéroglyphes. Ce système d'écriture complexe et foisonnant résistait aux interprétations, jusqu'à Jean-François Champollion (1790-1832). Considéré comme le père de tous les égyptologues, il fut le premier à déchiffrer ces étonnants signes appelés par les Grecs *hierós glýphô* (« caractères sacrés »).

Durant sa longue carrière, Jean-Philippe Lauer parvient à reconstituer, pierre à pierre, la colonnade conçue par Imhotep pour la nécropole de Djoser.

CHAMPOLLION ET LA PIERRE DE ROSETTE

Alors que l'expédition d'Égypte commandée par Bonaparte bat son plein, les 167 artistes et scientifiques qui l'accompagnent délaissent les champs de bataille pour les champs de ruines antiques. Leur mission ? Relever les vestiges et tenter de mieux comprendre la civilisation pharaonique.

Point d'orgue de cette quête, la découverte fortuite, le 15 juillet 1799 dans un fort de la ville de Rachid (en français « Rosette »), d'une pierre gravée.

Afin de couper la route maritime entre l'Inde et la Grande-Bretagne, alors en guerre contre la France, Napoléon débarque en Égypte à la tête d'une armée et de nombreux scientifiques.
La Bataille des pyramides *(21 juillet 1798), par Antoine-Jean Gros (1810).*

Des scientifiques français devant le temple de Dendérah, tableau peint par François-Martin Testard.

La campagne militaire, victorieuse contre les armées de mamelouks, tourne finalement à la déroute. La Royal Navy de Nelson étrille la flotte française à Aboukir. Les Français se rendent aux Britanniques le 2 septembre 1800, et quittent l'Égypte à partir du 31 août 1801.

En revanche, l'expédition scientifique s'avère une réussite, réunissant une moisson d'informations. Dans le domaine archéologique aussi, la victoire britannique est totale. Londres réquisitionne les découvertes des savants français, dont la fameuse pierre de Rosette, conservée depuis au British Museum de Londres.

Cependant, les Français auront le dernier mot... À partir de calques et d'un moulage de la pierre, Jean-François Champollion parvient à déchiffrer les hiéroglyphes.

La défaite de la flotte française à Aboukir – que les Britanniques nomment « bataille du Nil » – a lieu le 1er août 1798. Elle montre que, malgré les victoires terrestres de Bonaparte, le dernier mot revient à la Grande-Bretagne qui s'est assuré la maîtrise des mers.

Cette pierre – à vrai dire un fragment de stèle – porte un décret bien tardif (datant de 197-196 avant J.-C.), commémorant l'accession au trône du pharaon Ptolémée V. Il y est question également de réduction des impôts (déjà !) et de la libération de prisonniers. La particularité de cette stèle ? Elle porte le même texte, mais reproduit dans trois langues différentes : en hiéroglyphes (l'écriture savante et religieuse), en démotique (la langue que parlait et qu'écrivait le peuple, par opposition aux hiéroglyphes) et enfin en grec ancien.

Ces quelques dizaines de lignes vont dès lors exciter la curiosité des savants. En particulier celle d'un professeur établi à Grenoble, Champollion, et d'un Anglais de 15 ans son aîné, Thomas Young (1773-1829).

Le Britannique Thomas Young sera à deux doigts de déchiffrer la pierre de Rosette...

Page ci-contre : *Portrait de Jean-François Champollion (1790-1832). Il est l'auteur, l'année de sa mort, du* Précis du système hiéroglyphique des anciens Égyptiens, *qui permet enfin de comprendre l'écriture de l'Égypte ancienne.*

Le même texte se succède sur la pierre de Rosette – hiéroglyphes, égyptien démotique et grec.

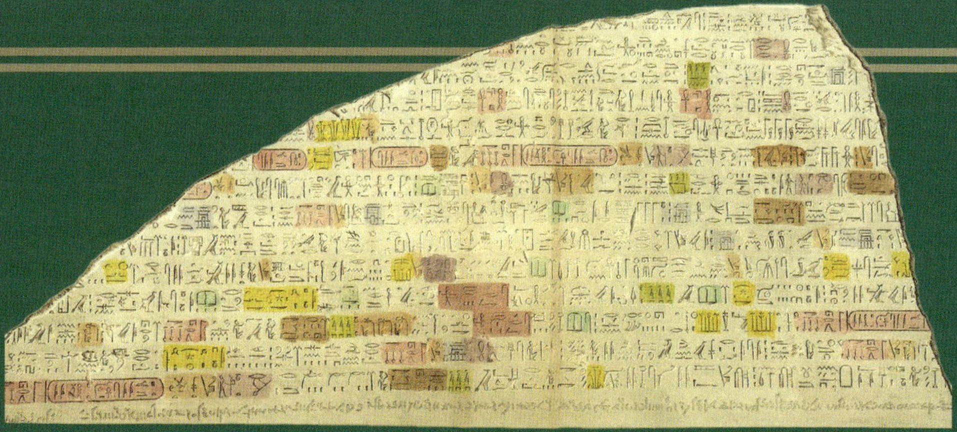

Young parvient à déchiffrer la version démotique et découvre que les cartouches en hiéroglyphes contiennent les noms de divers pharaons.

Étude sur la pierre de Rosette par Champollion.

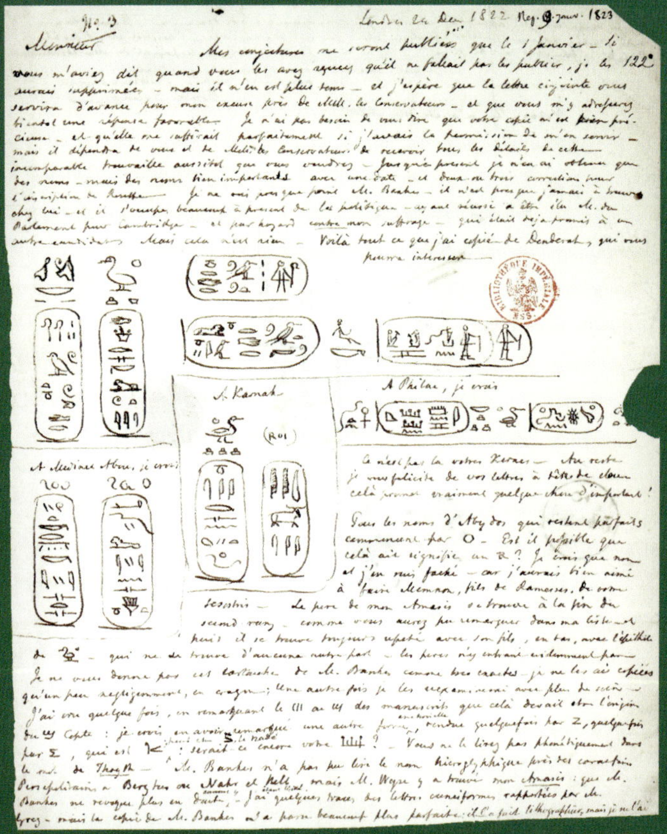
Londres 24 Déc 1822 Reg. 9 janv. 1823

Thomas Young fait part à Champollion de ses avancées… et de ses doutes : « Tous les noms d'Abydos qui restent parfaits commencent par O. Est-il possible que cela ait signifié un "R" ? Je crois que non et j'en suis fâché, car j'aurais bien aimé à faire Memnon, fils de Ramsès. »

Le Français pousse sa réflexion et note que le texte hiéroglyphique contient trois fois plus de signes que le texte grec ne compte de mots. Il en déduit donc que les hiéroglyphes (on en recense environ 5 000 gravés sur la stèle) ne sont pas seulement des idéogrammes, contrairement aux premières hypothèses. Ils peuvent aussi, dans un même texte, servir de signe phonétique, comme nos lettres de l'alphabet.

C'est ainsi que, le 14 septembre 1822, il déchiffre les noms de Cléopâtre, Ramsès et Thoutmosis.

Cette découverte produit sur lui une telle émotion qu'il sombre un temps dans un état que son neveu qualifie de « cataleptique ». Un peu plus tard, ayant recouvré ses esprits, le savant reprend sa plume et révèle l'avancée de ses recherches dans une lettre adressée à l'Académie des inscriptions et belles-lettres.

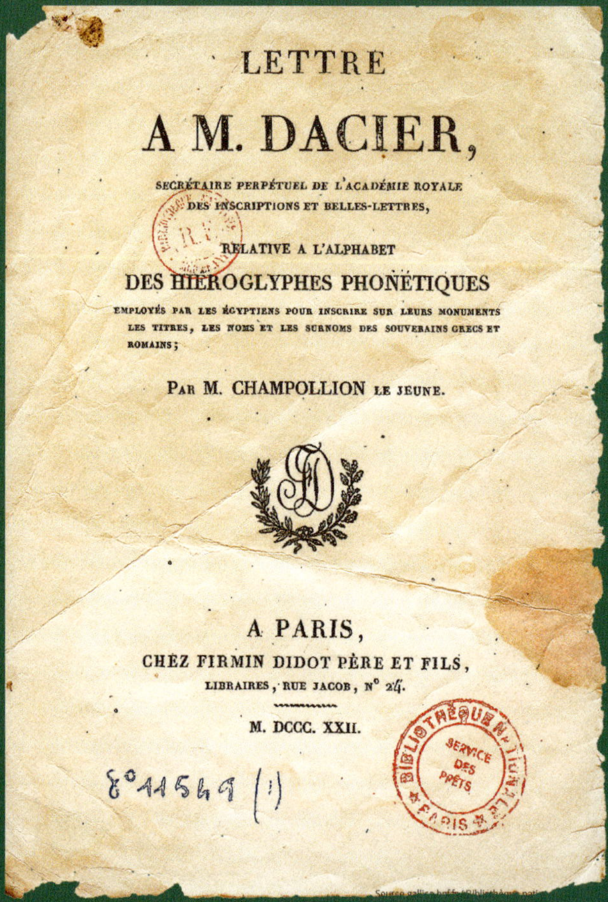
LETTRE

A M. DACIER,

SECRÉTAIRE PERPÉTUEL DE L'ACADÉMIE ROYALE DES INSCRIPTIONS ET BELLES-LETTRES,

RELATIVE A L'ALPHABET

DES HIÉROGLYPHES PHONÉTIQUES

EMPLOYÉS PAR LES ÉGYPTIENS POUR INSCRIRE SUR LEURS MONUMENTS LES TITRES, LES NOMS ET LES SURNOMS DES SOUVERAINS GRECS ET ROMAINS ;

PAR M. CHAMPOLLION LE JEUNE.

A PARIS,

CHEZ FIRMIN DIDOT PÈRE ET FILS,

LIBRAIRES, RUE JACOB, N° 24.

M. DCCC. XXII.

« Quant aux prodigieux monuments que l'Égypte érige, nous pouvons enfin lire dans les cartouches qui les décorent, leur chronologie certaine depuis Cambyse, et les époques de leur fondation ou de leurs accroissements successifs sous les dynasties diverses qui la gouvernèrent. »

Nommé conservateur au Louvre en 1826, il contribue à enrichir le fonds égyptien du musée. En 1828, il réalise le voyage de sa vie en posant, enfin, les pieds sur la terre égyptienne.

Trois ans plus tard, il décroche une chaire de professeur au Collège de France. Mais, épuisé par ses travaux, Champollion meurt à peine âgé de 42 ans, en 1832.

Champollion fait partie d'une équipe franco-toscane, qui se rend en voyage d'étude en Égypte en 1828.

L'ÉCRITURE
UNE FENÊTRE SUR LE PASSÉ

L'origine des hiéroglyphes

- **Date de création**

  Aux alentours de 3200 avant J.-C., conçue comme un système d'écriture sacré.

- **Signification**

  Le terme « hiéroglyphe » provient du grec « sacré » et « graver », reflétant leur usage sacré.

- **Utilisation**

  Principalement sur les monuments, dans les tombes des pharaons et pour des documents officiels, traduisant la volonté des dieux.

Le démotique : l'écriture du peuple

- **Naissance**

  Apparu au VIIe siècle avant J.-C., pendant la période tardive de l'Égypte antique.

- **Simplification**

  Encore plus réduite et accessible que le hiératique, reflétant une évolution vers une écriture populaire.

- **Usage**

  Principalement pour les textes commerciaux, juridiques et parfois littéraires.

-3200 | -700 | 0 | 200

L'évolution vers l'écriture hiératique

- **Transformation**

  Née de la nécessité d'une écriture plus rapide pour les documents administratifs, religieux et littéraires.

- **Caractéristiques**

  Un style cursif, simplifié pour faciliter l'écriture sur papyrus avec un calame.

- **Période**

  Utilisée depuis le début de l'Ancien Empire jusqu'à la période ptolémaïque, vers 332 avant J.-C.

Le copte : l'intégration des influences extérieures

- **Introduction**

  Vers le IIe siècle apr. J.-C., marquant l'influence croissante du christianisme et de la culture grecque.

- **Alphabet**

  Première forme d'écriture égyptienne utilisant un alphabet, avec l'ajout de quelques lettres pour représenter les sons non présents en grec.

- **Importance**

  Crucial pour la compréhension de l'histoire religieuse et culturelle de l'Égypte antique tardive.

Héritage

Les systèmes d'écriture de l'Égypte antique ont non seulement permis de consigner l'histoire et la culture de cette civilisation mais ont également influencé le développement ultérieur des systèmes d'écriture dans le monde.

La nature des hiéroglyphes

Les hiéroglyphes égyptiens sont une combinaison de logogrammes, phonogrammes et idéogrammes.

Logogrammes : Chaque symbole représente un mot ou une idée (par exemple, un soleil pour « jour »).

Phonogrammes : Ils représentent des sons, similaires aux lettres dans les alphabets modernes.

Idéogrammes : Représentent une idée ou un concept plutôt qu'un son spécifique.

Direction de l'écriture

Les hiéroglyphes peuvent être écrits de gauche à droite, de droite à gauche, ou de haut en bas, dépendant de l'orientation des symboles.

La direction dans laquelle les personnages ou animaux sont tournés indique le début de la lecture.

Symbolisme profond

Certains hiéroglyphes représentent des objets du quotidien, des éléments de la nature, des animaux, des parties du corps humain, des constructions et des concepts abstraits.

Ce système d'écriture est profondément enraciné dans la vision du monde égyptienne, chaque symbole portant des significations multiples et souvent complexes.

Par exemple, l'ankh symbolise la vie, le scarabée représente la renaissance ou la régénération, et l'œil d'Horus évoque la protection.

Les hiéroglyphes comme outil de pouvoir

L'utilisation des hiéroglyphes était réservée à une élite instruite, principalement les prêtres et les scribes, ce qui en faisait un outil de pouvoir et de contrôle.

La maîtrise de l'écriture était considérée comme un don des dieux, renforçant le statut spécial des scribes dans la société égyptienne.

Le décodage des hiéroglyphes par Champollion marque une révolution scientifique et signe la naissance de l'égyptologie moderne. Avant 1822, l'Égypte était désespérément muette : ses monuments, couverts de textes hiéroglyphiques, ne livraient aucun de leurs secrets.

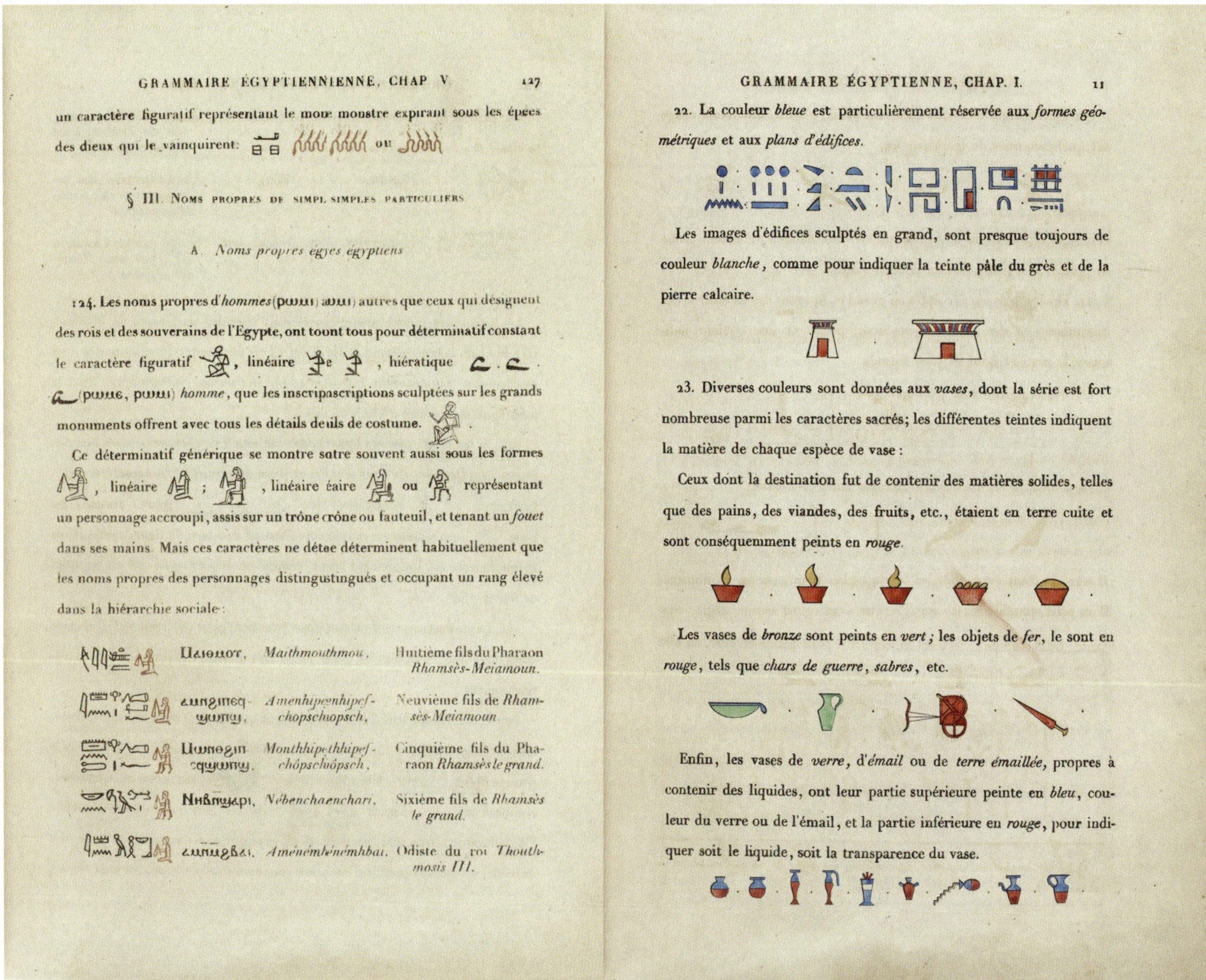

GRAMMAIRE ÉGYPTIENNIENNE, CHAP V. 127

un caractère figuratif représentant le mox monstre expirant sous les épées des dieux qui le vainquirent: ou

§ III. Noms propres de simpl simples particuliers

A. *Noms propres égyes égyptiens*

124. Les noms propres d'*hommes* (ⲣⲱⲙⲓ) ⲁⲱⲙⲓ) autres que ceux qui désignent des rois et des souverains de l'Egypte, ont toont tous pour déterminatif constant le caractère figuratif , linéaire , hiératique . (ⲣⲱⲙⲉ, ⲣⲱⲙⲓ) *homme*, que les inscripascriptions sculptées sur les grands monuments offrent avec tous les détails deuils de costume.

Ce déterminatif générique se montre sotre souvent aussi sous les formes , linéaire ; , linéaire éaire ou représentant un personnage accroupi, assis sur un trône crône ou fauteuil, et tenant un *fouet* dans ses mains. Mais ces caractères ne détee déterminent habituellement que les noms propres des personnages distingustingués et occupant un rang élevé dans la hiérarchie sociale :

	Πⲁιⲑⲙⲟⲧ.	*Maithmouthmou.*	Huitième fils du Pharaon *Rhamsès-Meiamoun.*
	ⲁⲙⲛϩⲓⲡⲉϥ-ϣⲱⲡϣ.	*Amenhipœnhipef-chopschopsch.*	Neuvième fils de *Rhamsès-Meiamoun.*
	Ⲙⲱⲛⲑϩⲓⲡ-ⲉϥϣⲱⲡϣ.	*Monthhipethhipef-chöpschöpsch.*	Cinquième fils du Pharaon *Rhamsès le grand.*
	Ⲛⲏⲃⲛϣⲁⲣⲓ.	*Nébenchaenchari.*	Sixième fils de *Rhamsès le grand.*
	ⲁⲙⲛⲙϩⲃⲁⲓ.	*Aménémhénémhbai.*	Odiste du roi *Thouthmosis III.*

GRAMMAIRE ÉGYPTIENNE, CHAP. I. 11

22. La couleur *bleue* est particulièrement réservée aux *formes géométriques* et aux *plans d'édifices.*

Les images d'édifices sculptés en grand, sont presque toujours de couleur *blanche*, comme pour indiquer la teinte pâle du grès et de la pierre calcaire.

23. Diverses couleurs sont données aux *vases*, dont la série est fort nombreuse parmi les caractères sacrés; les différentes teintes indiquent la matière de chaque espèce de vase :

Ceux dont la destination fut de contenir des matières solides, telles que des pains, des viandes, des fruits, etc., étaient en terre cuite et sont conséquemment peints en *rouge*.

Les vases de *bronze* sont peints en *vert*; les objets de *fer*, le sont en *rouge*, tels que *chars de guerre*, *sabres*, etc.

Enfin, les vases de *verre*, d'*émail* ou de *terre émaillée*, propres à contenir des liquides, ont leur partie supérieure peinte en *bleu*, couleur du verre ou de l'émail, et la partie inférieure en *rouge*, pour indiquer soit le liquide, soit la transparence du vase.

Extraits de Grammaire égyptienne, ou Principes généraux de l'écriture sacrée égyptienne appliquée à la représentation de la langue parlée, *de Champollion.*

Avec le déchiffrement de la pierre de Rosette s'ouvrent à nous les millénaires d'une brillante civilisation antique. La pyramide d'Ounas, un pharaon de l'Ancien Empire, nous raconte, elle aussi, un peu cette histoire…

Malgré son état de ruine, on peut compter ce monument parmi les joyaux de Saqqarah. Avant sa découverte en 1881, les archéologues pensaient que les pyramides étaient dépourvues d'inscriptions. Et soudain, à l'intérieur de cet édifice, se dévoilent des parois couvertes de hiéroglyphes gravés il y a 4 500 ans. Il s'agit des plus anciens textes religieux connus à ce jour, les fameux *Textes des pyramides*, un récit qui relate les différentes étapes du parcours posthume du défunt lors de son accession vers le monde des dieux.

Pyramide d'Ounas.
On distingue encore en quelques endroits les restes du parement de la pyramide.

Cette stèle, érigée sur le site de Saqqarah, porte le cartouche du pharaon Ounas.

Gaston Maspero à l'intérieur de la pyramide d'Ounas, peu après sa découverte.

Ces hiéroglyphes semblent, d'après des découvertes faites dans les années 1990, les aînés des écritures égyptiennes. Ils pourraient en effet être antérieurs à l'époque pharaonique, ce qui nous mène vers 3200 avant notre ère. Cette écriture se complexifie d'ailleurs au fil de son usage, notamment sous le règne de Djoser (vers 2800 avant notre ère) : pour la première fois dans nos documents apparaissent ainsi des phrases construites (avec sujet, verbe et complément).

Ce progrès fondamental s'explique par le développement des pratiques religieuses et des rites funéraires, qui demandent un arsenal de formules élaborées. C'est donc naturellement dans les monuments religieux et funéraires (tombes, temples et pyramides) qu'on les retrouve. C'est le cas dans la pyramide d'Ounas.

Selon toute vraisemblance, les Égyptiens prêtaient aux hiéroglyphes des fonctions magiques. Ils étaient censés assurer une renaissance au pharaon inhumé, notamment en procurant une description complète de son voyage vers le dieu soleil afin de réapparaître chaque matin à ses côtés.

« Monte auprès de ta mère Nout,
qu'elle te prenne la main
et te fasse un chemin vers l'horizon,
vers le lieu où se trouve Rê !
Les vantaux du ciel sont ouverts, les vantaux
de la fraîcheur sont écartés,
pour que tu trouves Rê, debout à t'attendre,
pour prendre ta main,
te guider dans les Deux Chapelles du ciel,
et te placer sur le trône d'Osiris. »

Texte de la pyramide d'Ounas

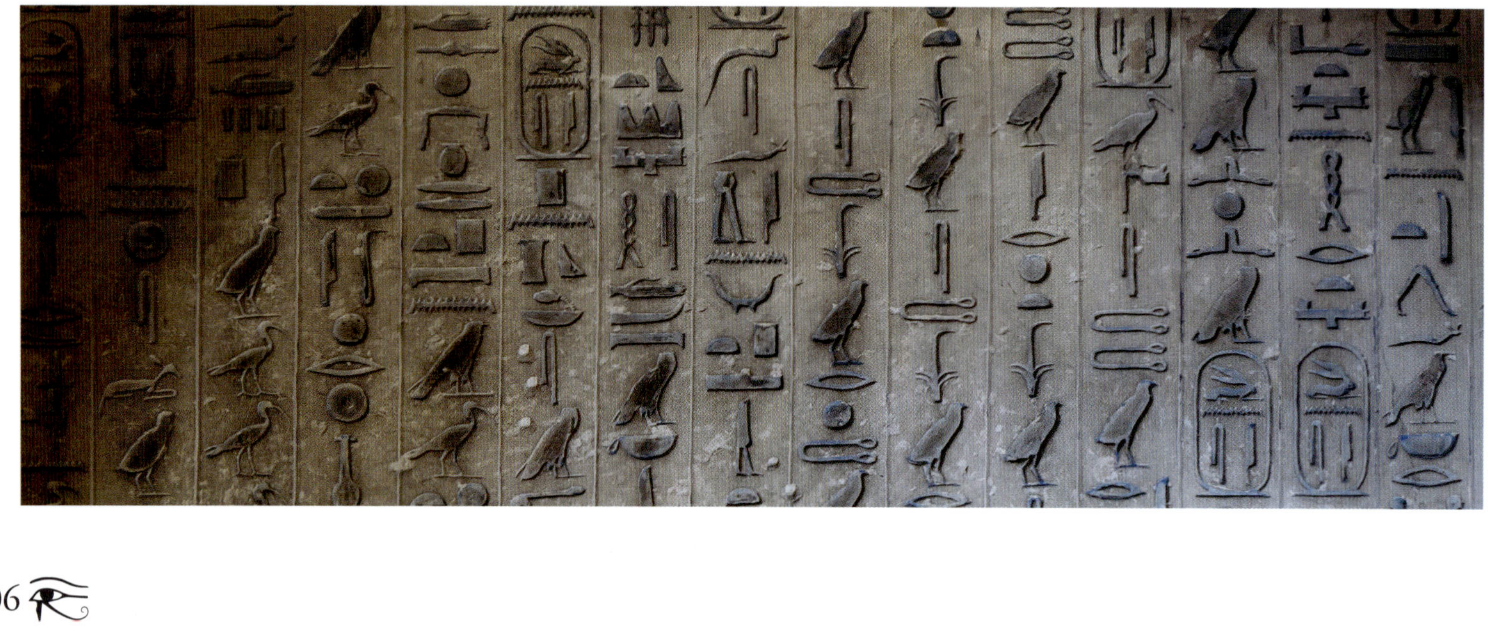

Le célèbre Scribe accroupi, *trouvé à Saqqarah le 19 novembre 1850 ; cette statue de calcaire date de 2620-2500 avant J.-C. (IVe dynastie)*

La chambre funéraire de la pyramide d'Ounas s'orne de textes funéraires qui accompagnent le pharaon pour garantir sa vie dans l'au-delà. Des écrits fort heureusement purgés par des scribes vigilants des fautes (de frappe !) introduites par les graveurs...

Une paire de jambes indique la notion de mouvement.

Avant d'avoir été gravés sur ces parois, les hiéroglyphes ont d'abord été dessinés à la peinture noire, comme un brouillon. Une fois le texte gravé, un scribe relève et corrige les fautes – pas moins de 163, selon les chercheurs. Mais ces hiéroglyphes, qui couvrent la pièce du sol au plafond, posent un redoutable problème aux archéologues chargés de les déchiffrer : par où commencer la lecture ?

En effet, cette langue s'écrivait, au choix, de droite à gauche, de gauche à droite ou en colonne, c'est-à-dire de haut en bas. Une règle cependant : elle se grave en suivant la direction où se tournent les signes. Mais dans les monuments et sur les objets, l'orientation peut changer pour respecter la symétrie ! On comprend que, dans leur sagesse, les Égyptiens aient réservé les hiéroglyphes, d'un maniement trop compliqué pour une utilisation quotidienne, aux monuments religieux. Pour l'écriture usuelle, on se tourne vers deux graphies plus simples et plus rapides : le hiératique, attesté 3 000 ans avant notre ère, et le démotique, qui apparaît bien plus tardivement, au VIIe siècle avant notre ère.

Les Égyptiens inventent les hiéroglyphes en s'inspirant de l'univers qui les entoure : ces signes prennent des formes animales, mais aussi de plantes, de phénomènes naturels, d'objets, de parties du corps humain.

Cette écriture utilisant des idéogrammes (un signe graphique qui représente le sens d'un mot) compte 750 signes environ jusqu'à l'époque ptolémaïque (entre 332 et 30 avant notre ère).

Godet de scribe en forme de cartouche.

Les scribes utilisaient un lissoir, ici en forme de doigt, pour préparer la surface du papyrus.

Accompagnée de son calame, cette tablette de scribe s'orne d'un décor dans lequel on a reconnu une série de divinités (Thot, Ptah, Horus et peut-être Isis). Au verso, on voit une tête d'homme.

Page ci-contre :
Dans la chambre funéraire, dont le plafond s'orne d'étoiles, les scribes ont inscrit les formules magiques assurant la protection du pharaon.

Contrat de mariage en démotique (vers 300 avant notre ère).

On comprendra qu'écrire en hiéroglyphes s'avère long et fastidieux. En outre, l'utilisation de tablettes d'argile fraîche et de rouleaux de papyrus, matières souples et fragiles, impose de créer une écriture plus facile et plus abstraite. Les scribes mettent alors au point le hiératique, une écriture hiéroglyphique très simplifiée et cursive – c'est-à-dire tracée d'une seule traite, ce qui permet de lier les signes sans lever la main et donc sans perdre de temps.

Plus tardivement apparaît le démotique, une simplification du hiératique (issu lui-même, rappelons-le, d'une simplification des hiéroglyphes), qui ne contient aucun aspect figuratif. Il répond à un usage quotidien et se diffuse largement dans la société (le terme vient du grec *demotika*, « écriture populaire »).

La création et la diffusion de cette écriture témoignent probablement d'une politique de réformes administratives entreprises par les pharaons de la XXVIe dynastie (vers 660 avant notre ère). Le nombre sans cesse croissant des documents produits par les scribes réclamait une écriture plus rapide que le hiératique !

Dans la pyramide d'Ounas, on ne trouve cependant pas que des textes. Le pharaon lui-même y est représenté, mais d'une façon particulièrement discrète : dans le mur en albâtre, un bas-relief, visible uniquement sous une lumière rasante, dévoile Ounas. Le roi mort semble sortir de l'obscurité, comme les premiers rayons du soleil le matin, garantissant une victoire sur la mort...

Extrait du Livre des morts, *vers rédigés en hiératique (1096-945 avant J.-C.).*

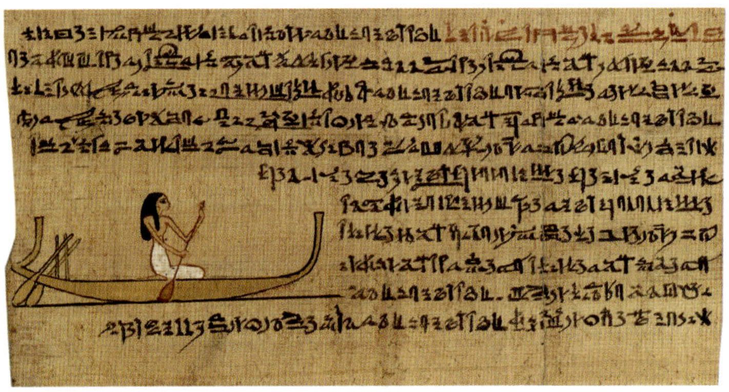

Le souverain, comme tous les personnages dans l'art égyptien, se présente de profil. Ce choix n'obéit pas à des critères artistiques, mais répond à des canons religieux. L'image devait montrer aux dieux le corps de son modèle dans son ensemble, chaque membre était donc reproduit sous l'angle qui permettait de le visualiser au mieux : visage, bras et jambes positionnés de profil, tandis que le buste était dessiné de face.

Cette présentation, si particulière dans l'histoire de l'art, donnait au défunt représenté la capacité de se réincarner correctement. Car, selon la croyance égyptienne, Celui ou celle dont un membre n'était pas correctement représenté risquait de voir son corps déformé dans sa nouvelle vie.

Pour définir ces choix stylistiques, l'égyptologue allemande Emma Brunner-Traut (1911-2008) a forgé le terme d'« aspective », puisqu'il écarte toute perspective. Il est, par de nombreux aspects, assez proche des choix opérés par les cubistes, au XXe siècle, comme Picasso ou Braque, qui lors de longues visites au Louvre ont admiré et dessiné les œuvres égyptiennes.

Dans sa période cubiste, Picasso témoigne de son intérêt pour les collections égyptiennes du Louvre, notamment cette Porteuse d'auge (1963-1862 avant notre ère) hautement stylisée, que l'on retrouve dans ses carnets de croquis.

CHAPITRE 4

L'ANTIQUITÉ AU QUOTIDIEN

C'est au Palais royal de Memphis que le tout premier pharaon d'Égypte s'est établi. Cette ville est en quelque sorte le berceau de la civilisation antique égyptienne. Elle va rester capitale officielle pendant des siècles et une étape symbolique dans la vie de chaque souverain de Ramsès II à Toutânkhamon en passant par Alexandre le Grand.

Les Égyptiens se baignaient quotidiennement, les hommes se rasaient la tête pour éviter les poux et portaient des perruques. Hommes et femmes utilisaient régulièrement des cosmétiques et des parfums, ils avaient même une sorte de dentifrice : un mélange de menthe, de sel, de poivre et de fleurs d'iris séchées qu'ils passaient sur les dents.

Stéphane Bern

LES FONDATIONS DE LA VIE QUOTIDIENNE

Le Nil, artère vitale de l'Égypte, a façonné la vie quotidienne de ses habitants, offrant nourriture, transport, et un calendrier pour l'agriculture. Découvrez comment ce fleuve a influencé chaque aspect de la vie égyptienne, du paysan au pharaon.

Terre fertile

La « terre noire » du Nil, enrichie annuellement par une crue apportant du limon fertile, était la base de l'agriculture égyptienne. Cette inondation annuelle était vitale pour semer après la retraite des eaux.

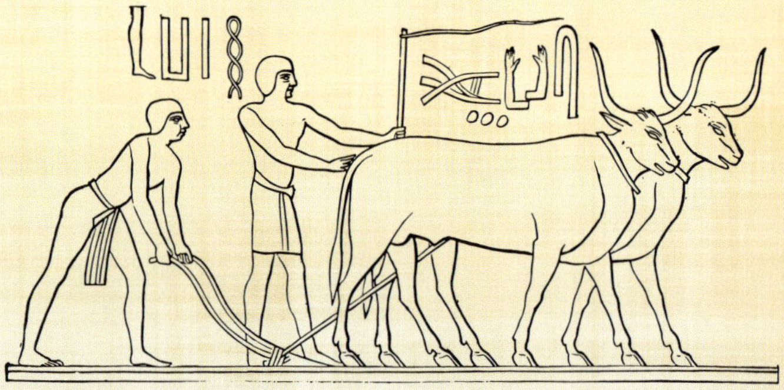

Économie agraire

Le tribut et les taxes étaient souvent payés en nature, principalement sous forme de produits agricoles, qui étaient ensuite redistribués par l'État ou stockés.

Animaux et agriculture

Les Égyptiens utilisaient des animaux tels que les bœufs pour labourer les champs, et les ânes et les chameaux pour le transport des récoltes.

Innovations agricoles

Les Égyptiens ont développé des variétés de céréales adaptées au climat local et ont été parmi les premiers à pratiquer la viniculture et la sériciculture.

Cultes et croyances

La déesse Isis était vénérée comme la protectrice des récoltes et de la fertilité, influençant les rituels agricoles.

Chadouf

Cet outil permettait de puiser l'eau du Nil efficacement grâce à une perche avec un contrepoids, facilitant l'irrigation.

Cultures du Nil

L'irrigation était cruciale, car la pluie était rare. Les paysans dépendaient des crues du Nil pour l'eau et les nutriments, utilisant des canaux pour distribuer l'eau dans les champs.

Gestion de l'eau

Les bassins d'évaporation et les réseaux de canaux étaient essentiels pour contrôler l'irrigation et minimiser la dépendance aux caprices du Nil.

Productions agricoles

Le blé et l'orge dominaient les cultures, complétés par le lin pour les textiles, des légumes, et des fruits comme les dattes et les figues.

Récolte

De mars à juin, les céréales étaient récoltées. Les épis étaient coupés et les grains, battus pour la consommation et la création de bière et de pain.

Statue de Ramsès II dans les ruines de Memphis.

MEMPHIS

Pour en apprendre plus sur la vie quotidienne des anciens Égyptiens, parcourons à présent les ruines de la première capitale de l'Égypte unifiée, Memphis, située à une vingtaine de kilomètres du Caire. Djoser, Khéops, Khéphren et Toutânkhamon régnèrent sur l'Égypte depuis cette ville, idéalement située à l'entrée du delta du Nil.

Les vestiges qui subsistent ne laissent pourtant guère deviner l'importance de cette cité, fondée il y a environ 3 000 ans avant notre ère. On peut toutefois y admirer encore une statue colossale de Ramsès II, qui témoigne de l'aspect monumental de cette ancienne capitale.

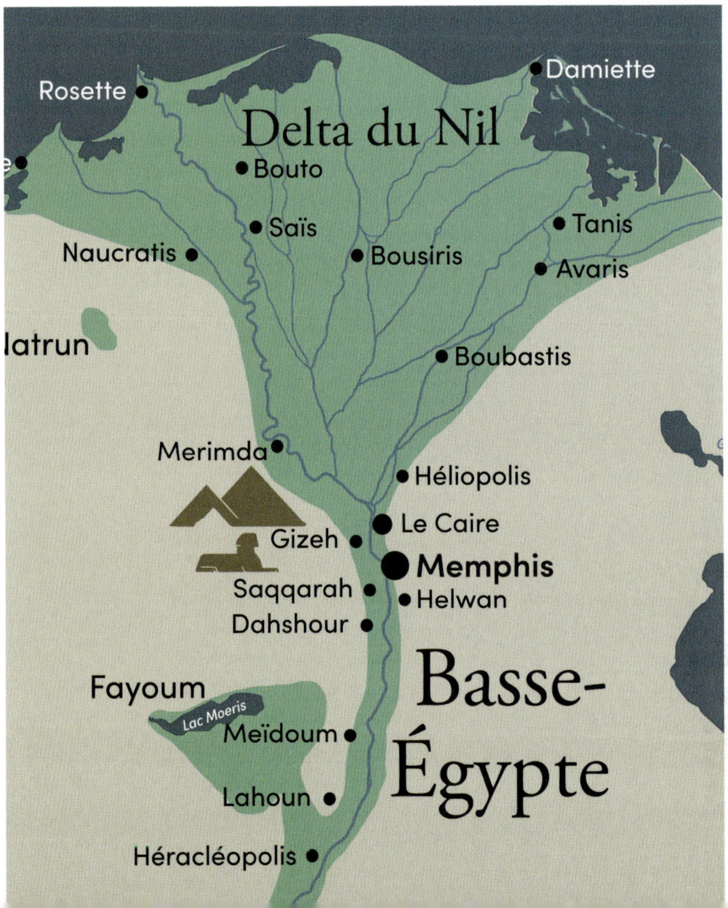

C'est ici que le tout premier pharaon s'est établi, faisant en quelque sorte de cette ville le berceau de la civilisation antique égyptienne. Memphis va rester la capitale officielle pendant des siècles, puis elle perdra ce statut au détriment d'autres cités, dont la plus connue est Thèbes – l'actuelle Louxor –, au sud du pays. Memphis reste néanmoins une étape symbolique dans la vie de chaque souverain. Tous y sont venus : de Ramsès II à Alexandre le Grand en passant par Toutânkhamon.

En couvrant leurs bâtiments d'éblouissantes peintures, les Égyptiens honorent le *maât*, l'harmonie cosmique et l'ordre immuable du monde terrestre. Les habitations, les commerces, les palais et les temples sont fonctionnels, mais ils se doivent aussi d'être beaux ! En honorant la vie terrestre par la beauté, les Égyptiens s'assurent une vie éternelle tout aussi belle…

Dans cette civilisation passée maîtresse dans l'art du pigment, les Égyptiens prêtent une valeur symbolique à chaque couleur utilisée – comme nous l'avons vu précédemment avec le Sphinx.

Restitution du décor de la façade d'un palais royal.

Divinité du panthéon égyptien, symbole de l'harmonie, de la vérité et de la justice, la déesse Maât était représentée comme une femme, portant sur la tête une plume d'autruche.

Vue de Memphis, avec ses deux ensembles monumentaux, le palais et, à ses côtés, le grand temple, par Jean-Claude Golvin, Architecte et archéologue, auteur de dessins de restitutions de villes et monuments.

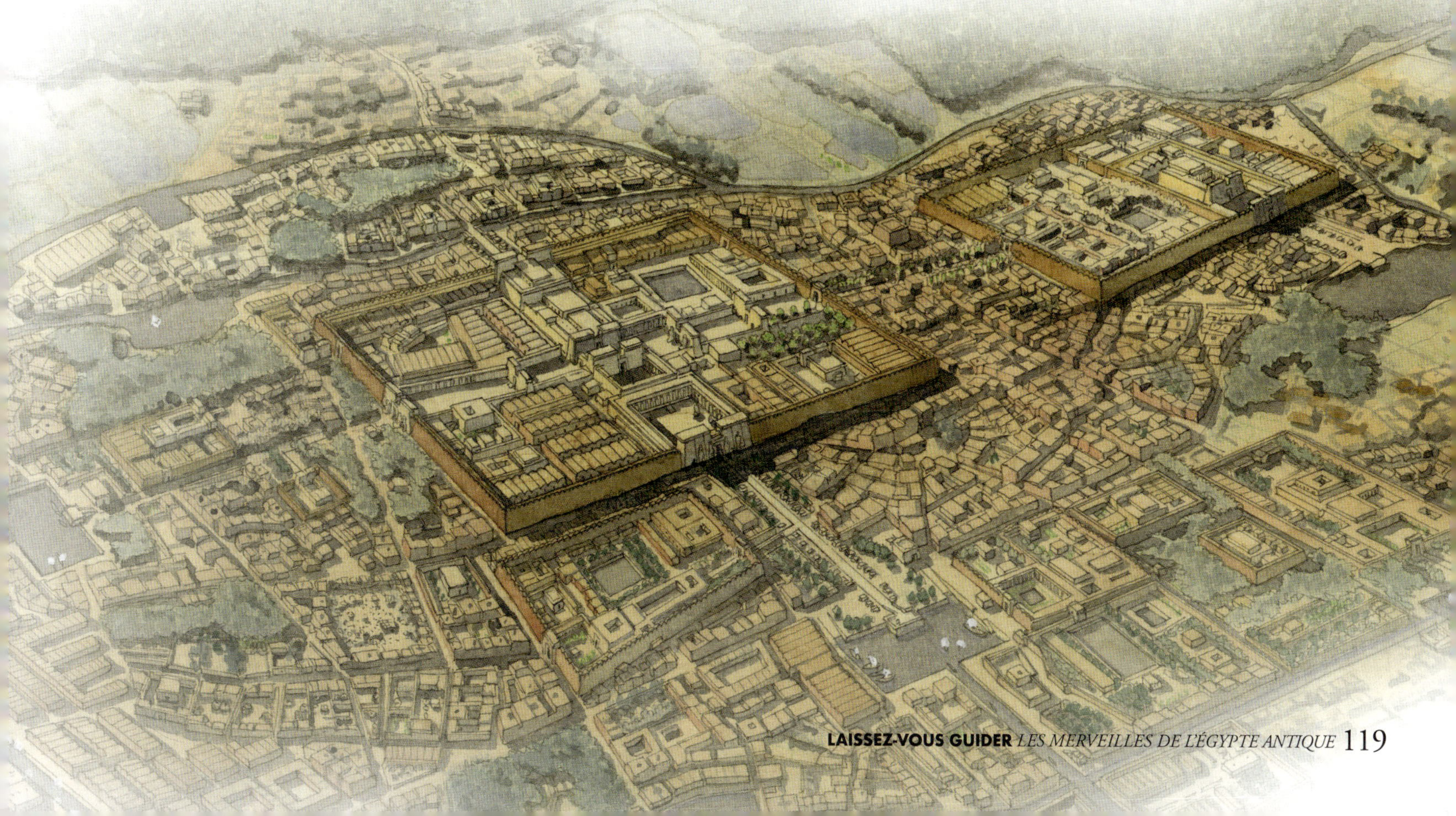

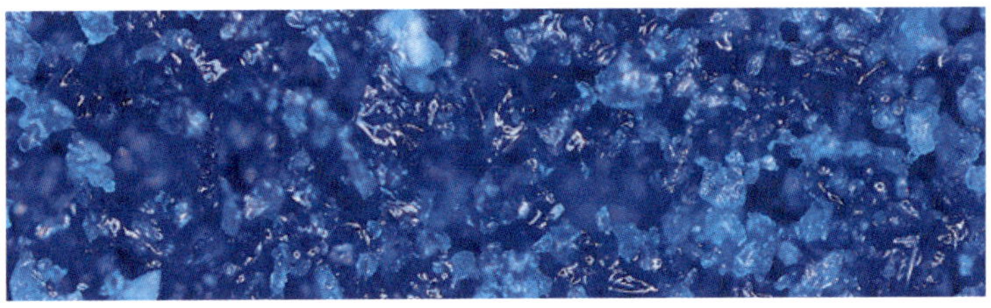

Le célèbre « bleu égyptien » est utilisé dès le milieu du IIIe millénaire et le sera jusqu'au VIIe siècle de notre ère sur les stèles, les temples et les fresques, les Égyptiens associant cette teinte « couleur du ciel » au monde des dieux. Ce pigment artificiel s'obtient après cuisson de plusieurs composés (calcaire, sables siliceux, cuivre, etc.).

Ainsi, les couleurs ornant les temples sont toujours liées à la nature. Le vert représente la bonté, la croissance, la vie, l'au-delà et la résurrection. Le rouge symbolise la vie, mais aussi le mal et la destruction. Deux notions intimement liées. Bien sûr, on utilise aussi cette tonalité si particulière, qu'on appelle aujourd'hui le « bleu égyptien », allégorie des notions de fertilité, de naissance, de renaissance, d'eau et du ciel. C'est sans doute la couleur la plus populaire du pays.

Retournons donc à Memphis au temps de sa splendeur et avançons vers la résidence royale. Une fois franchi le pylône caractéristique – le portail –, on découvre un palais. À l'aune du pouvoir que détenait Pharaon, il peut sembler « modeste », en tout cas moins clinquant que ce à quoi un visiteur contemporain pourrait s'attendre. Une raison à cela : pour les Égyptiens, la vie terrestre n'est qu'un passage qu'il faut réussir pour accéder à la vie éternelle… La demeure la plus importante, c'est celle d'éternité – autrement dit la pyramide finale. Avec ce schéma de pensée, inutile de surinvestir dans un bâtiment élevé en briques de terre crue, qui ne survivra pas au passage du temps.

Protégé par son enceinte, le palais royal forme une ville dans la ville : la demeure du souverain s'accompagne d'un petit temple, d'une bibliothèque et d'une école, mais aussi de cuisines, de greniers et des réserves où est entreposé le trésor royal. Dans ce complexe, on trouve également les logements de l'entourage du pharaon : les maisons des épouses et de leurs enfants, ainsi que celles de hauts fonctionnaires. Ces derniers appartiennent à la cour, et ils ne sont pas là pour flatter ou amuser le souverain, mais pour exécuter des missions administratives bien identifiées.

Reconstitution de l'entrée du palais royal de Memphis sous l'Ancien Empire (entre 2700 et 2200 avant notre ère). On reconnaît un élément caractéristique de l'architecture égyptienne antique, le pylône (du grec pulon, « portail »), une entrée monumentale formée de deux tours rectangulaires reliées par un linteau.

Dans l'Ancien Testament, Joseph, l'un des douze fils du patriarche Jacob, devient le bras droit du pharaon et gère au mieux les stocks agricoles pour affronter la famine qui menace. Joseph, inspecteur des granges en Égypte, *par Lawrence Alma-Tadema (1836-1912).*

> « *Pendant les sept années de fertilité,*
> *la terre rapporta abondamment.*
> *Joseph rassembla tous les produits*
> *de ces sept années dans le pays d'Égypte ;*
> *il fit des approvisionnements dans les villes,*
> *mettant dans l'intérieur de chaque ville*
> *les productions des champs d'alentour.* »
>
> Genèse 41

Si les dieux entretiennent un lien spécial avec le pharaon en le plaçant à la tête du royaume, c'est en contrepartie d'une mission : administrer au mieux le pays et s'assurer de la qualité de vie de son peuple. Un rôle d'autant plus important que la monnaie n'existait pas dans l'Égypte antique, nous l'avons vu. Le roi et ses serviteurs devaient donc assurer la collecte et la redistribution des biens et des vivres. D'où l'importance des palais, authentiques demeures royales et véritables entrepôts agricoles.

Dans cette économie, le pharaon ne poursuit donc aucun but d'enrichissement. Répétons-le, car la chose est rare dans l'Histoire ! En effet, le pays est une fondation que le roi a reçue de la main des dieux. La prospérité du pays, voire son agrandissement, constitue son seul but. Nous sommes certes dans une économie… pyramidale – avec le pharaon au sommet –, mais aussi redistributive.

Bouchers et brasseurs au service du pharaon, des dieux… et d'eux-mêmes dans une économie qui ne connaît pas la monnaie et dans laquelle le souverain assure la redistribution des biens.

Culture du blé sous la XVIIIe dynastie (1580-1314).

Cette organisation explique largement l'exceptionnelle longévité de la civilisation égyptienne. Une société très hiérarchisée, dirigée par un « Premier ministre » efficace, appelé vizir. Homme de confiance du pharaon, c'est le second personnage du pays. Il réside au sein du palais royal et réunit périodiquement les responsables de l'administration, comme le directeur du Trésor, celui des Finances, le directeur du Grenier (qui gère les stocks de céréales), et même le directeur du Harem.

DE PHARAON À ESCLAVE

HIÉRARCHIE SOCIALE DANS L'ÉGYPTE ANCIENNE

Ministres

Membres de la noblesse ou administrateurs régionaux, détenant le pouvoir après le pharaon.

Scribes

Érudits de l'écriture et de la comptabilité, essentiels pour la gestion des biens et des récoltes.

Soldats

Défenseurs de l'Égypte, chargés de la protection et de l'expansion du territoire.

Marchands

Commerçants qui échangeaient des biens le long du Nil et avec les régions voisines.

Paysans

Majorité de la population, cultivateurs de la terre fertile du Nil et bâtisseurs des monuments éternels.

Esclaves

Prisonniers de guerre sans droits, serviteurs des classes privilégiées.

Pharaon et reine

Dirigeants divins de l'Égypte. Enterrés dans de splendides tombeaux, telles des pyramides par exemple. Ils sont vénérés comme des dieux après leur mort.

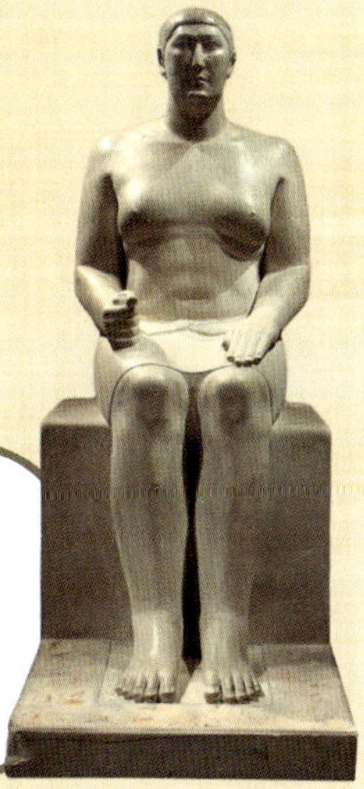

Vizir

Principal officier du pharaon, superviseur des finances, de l'agriculture et de la justice.

Prêtres

Gardiens de la religion et de la tradition, responsables des rites sacrés et de la momification.

Artisans

Créateurs des merveilles égyptiennes, des bijoux précieux aux imposantes statues.

LES HAREMS

Le harem égyptien recouvre des activités qui n'ont rien à voir avec la représentation orientaliste héritée du XIXe siècle… Dans l'Égypte antique, ces quartiers privés réservés aux femmes du souverain constituent un outil important au service du pharaon et de la diplomatie. Parfois même, cette institution accompagnait le pharaon dans ses déplacements. Plusieurs harems ont existé, mais le principal se trouvait dans le palais du pharaon en exercice.

Si le harem abrite les femmes de la famille royale – épouses, filles, cousines, favorites –, il ne faut pas seulement y voir un espace de plaisir, mais aussi un lieu de pouvoir et d'éducation. Contrairement aux « harems orientaux » rigoureusement clos, celui de Pharaon était un endroit relativement ouvert et pas uniquement consacré aux plaisirs. C'était aussi un lieu d'enseignement pour les jeunes filles bien nées, et un centre économique géré par les concubines : elles administraient les domaines agricoles qui étaient rattachés à cette institution et contrôlaient des ateliers de production textile.

Le harem joue un important rôle diplomatique : aux côtés du pharaon, on trouve une reine, la « grande épouse royale » ; mais autour de lui gravite également une galaxie d'épouses « secondaires », au rôle politique essentiel. En effet, chaque nouvelle alliance passée avec les puissances voisines se clôture par un mariage, scellant ou confirmant les liens d'amitié qui unissent l'Égypte et ses alliés. Une pratique répandue dans tout l'Orient antique : ainsi Ramsès II épouse-t-il, à deux reprises, des princesses hittites afin de consolider la paix après un long conflit.

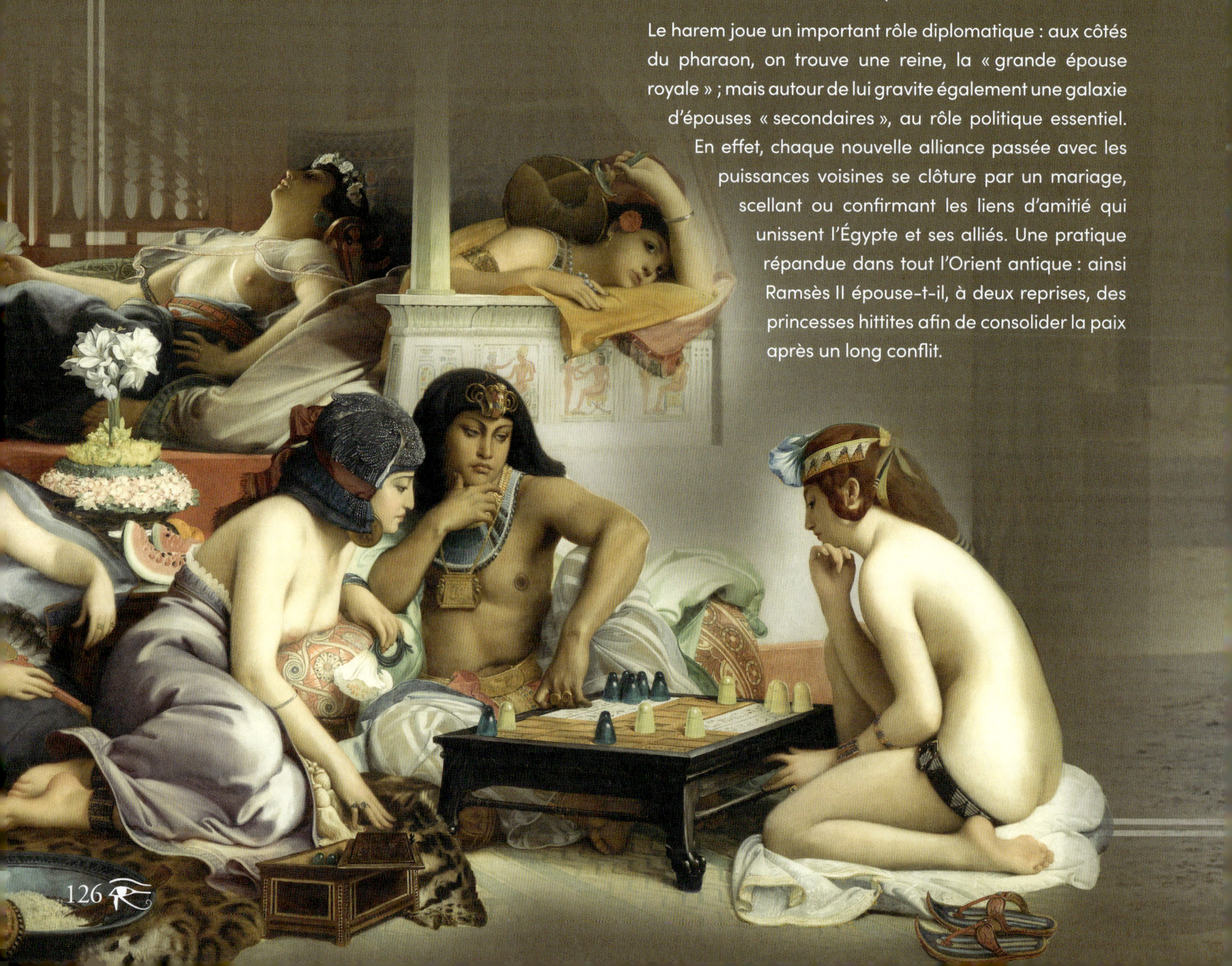

Ramsès dans son harem,
par Jean Lecomte du Noüy (1842-1923).

Hormin, le directeur du harem royal, homme « à la longue vie et à la bonne vieillesse, sans reproche et sans faute dans le palais », reçoit une récompense en or (sous forme de colliers).

Arrivée à Thèbes d'une princesse éthiopienne, sous le règne de Toutânkhamon (XVIIIe dynastie).

Néfertari, la « grande épouse royale » de Ramsès II.

Une fois quittée la tranquillité feutrée du palais royal, on se retrouve dans les rues grouillantes de la capitale. À Memphis, les quartiers s'organisent par professions, nombreuses. La ville, du fait de sa proximité avec la grande voie de navigation que représente le Nil, s'affirme en effet comme une cité commerçante et cosmopolite. Dans cette cité, la plus peuplée du monde au IIIe millénaire avec ses 300 000 habitants (soit la population actuelle de Montpellier), tout le monde n'a pas la chance de vivre dans le palais royal. La plupart des habitants se contentent d'habitations bien plus modestes.

Le seul point commun de ces habitations avec le palais ? Être édifiées en briques crues. Dans les maisons du peuple, le niveau de richesse se mesure à la présence d'escaliers et d'un toit-terrasse. On y trouve entre trois et huit petites pièces, pour une superficie totale qui n'excède guère 70 mètres carrés. Si les sols restent en terre battue, on trouve pourtant une salle de bains et même des toilettes sèches ! Une preuve de l'attention que les Égyptiens, il y a plus de 4 000 ans, portaient déjà à l'hygiène et à l'apparence.

La maison égyptienne, riche ou pauvre, revêt une très grande importance symbolique. Le jeune homme qui commence un travail doit quitter la maison de ses parents et fonder à son tour un nouveau foyer en se mariant. Un événement qui ne requiert que peu de paperasse, puisque le contrat se borne à un simple accord verbal entre les deux époux...

Dalle de toilettes découverte à Al Amarna (XVIIIe siècle avant J.-C.). Cette plaque de calcaire était posée sur deux supports latéraux ; en dessous, une jarre remplie de sable récupérait les matières.

T'AS DE BEAUX YEUX !

Nous l'avons vu, les Égyptiens considèrent l'au-delà comme une sorte de continuation éternelle de la vie sur terre. S'y préparer en prenant soin de son apparence physique et de sa santé fait partie de la priorité des vivants. On considère donc la bonne hygiène comme une valeur culturelle et cultuelle.

Les Égyptiens se baignent quotidiennement, les hommes se rasent la tête pour éviter les insectes parasites, comme les poux, et portent des perruques. Dans leur « routine beauté », hommes et femmes utilisent régulièrement des cosmétiques, comme des parfums, crèmes hydratantes, déodorants et même une sorte de dentifrice en poudre, fait d'un mélange de menthe, de sel, de poivre et de fleurs d'iris séchées.

Parmi les soins corporels, c'est assurément le khôl, ce maquillage au trait noir, qui a marqué notre imaginaire et symbolise à lui seul le monde égyptien.

Miroir en disque circulaire (664-332 avant notre ère).

Les Égyptiens de l'Antiquité le nomment *mesdemet*. La composition de cette pâte noire portée par les hommes et par les femmes ? Un mélange de gras animal et de sulfure de plomb. Utilisé pour des raisons esthétiques, ce fard possédait d'autres vertus, puisqu'il aidait à lutter contre l'éblouissement du soleil et à éviter les infections oculaires grâce à ses propriétés antibactériennes. Pour ces raisons, les mères en appliquaient aussi sur les paupières des bébés.

Cette boîte à cosmétiques en cèdre, avec placage d'ébène, d'ivoire et monture en argent, appartenait à l'échanson royal Kéméni (vers 1814-1805 avant notre ère).

Le décor à l'avant de la boîte montre Kéméni présentant une pommade au pharaon Amenemhat IV.

Jeune fille égyptienne tenant un sistre, *par Edwin Long (1886).*

LE RÔLE DE LA FEMME

Droits juridiques des femmes

En Égypte antique, les femmes jouissaient d'une égalité juridique avec les hommes. Elles pouvaient agir en toute liberté lors des procédures judiciaires et étaient tenues pour responsables de leurs actes, répondant de ceux-ci devant la justice. Une femme avait également le droit de rédiger son testament ou de requérir une séparation matrimoniale.

Droits familiaux des femmes

Le mariage en Égypte ancienne ne nécessitait pas de rituel civil ou religieux officiel ; il était établi lorsque deux personnes décidaient de cohabiter. La femme pouvait choisir librement son conjoint et conservait son nom de naissance après l'union.

Statut social des femmes

Les femmes pouvaient acquérir ou louer des biens immobiliers et étaient financièrement autonomes par rapport à leur époux. L'héritage était partagé également entre filles et fils. Au-delà de leur rôle maternel, vénéré et associé au divin, les femmes pouvaient aussi tenir un commerce ou pratiquer des métiers tels que sage-femme.

Rôles religieux des femmes

Les femmes pouvaient aussi occuper des positions importantes dans les sphères religieuses, comme en témoigne le statut des prêtresses dévouées à diverses divinités. Elles jouaient un rôle essentiel dans les rituels et les pratiques cultuelles.

Contributions éducatives

Des preuves archéologiques suggèrent que certaines femmes égyptiennes étaient lettrées et pouvaient être impliquées dans l'enseignement ou la préservation du savoir, bien que cela n'ait pas été la norme.

LE COUPLE AU QUOTIDIEN

Mariés jeunes – les filles à partir de 14 ans, et les garçons vers 20 ans –, ils affrontent le quotidien leur vie durant, sauf incident de parcours. Donner naissance à un enfant (et de surcroît un fils) alors qu'ils sont encore jeunes, c'est s'assurer qu'un descendant leur rendra un culte après leur mort.

Statue d'un couple égyptien (vers 2430-2195 avant J.-C.). L'homme, un préposé aux archives du palais nommé Ânkhoudjes, porte pagne et perruque courte bouclée ; la femme, Tepemnefret, membre de l'entourage royal, est vêtue d'une robe longue et d'une perruque demi-longue.

Aucune célébration religieuse ou officielle ne sacralise le mariage. On ne passe ni devant monsieur le maire, ni devant un prêtre. Un simple accord verbal, associé à l'entrée de la femme dans la maison du mari et à la cohabitation des époux, sacralise l'union. On ne connaît pas de contrat de mariage avant le Ier millénaire avant J.-C.. Et, comme son nom ne l'indique pas, ce document est rarement rédigé au moment du mariage. On l'établit plus tard, après la naissance d'enfants.

Trouvé à Saqqarah et écrit en démotique vers 164 avant J.-C., ce papyrus porte plusieurs documents, dont un contrat de mariage.

Pour protéger l'épouse au moment du mariage, la femme apporte une dot. Ses biens, tels des vêtements, des bijoux ou des ustensiles de cuisine, lui restent acquis quoi qu'il arrive. De même, le patrimoine que possède le mari avant les noces lui appartient. En cas de séparation, les richesses acquises par le couple reviennent pour 1/3 à la femme, pour 2/3 au mari, et libre au couple d'organiser sa succession. À l'exception du pharaon, qui bénéficie d'un régime matrimonial particulier, la société égyptienne est plutôt monogame et les mariages d'amour existent bel et bien.

Un couple et son enfant, vers 1550-1069 avant J.-C. Musée Georges-Labit, Toulouse.

Comme le mariage, le divorce est une décision privée qui ne concerne ni l'État ni les prêtres ; il se manifeste par la fin de la cohabitation entre les époux. Les femmes disposent de droits presque égaux à ceux des hommes : elles peuvent posséder et disposer de leurs propres biens (entreprise, terres, domicile, etc.), demander le divorce, conclure des contrats avec des hommes, ou même décider d'avorter.

Quant à la sexualité des couples, on la connaît par des graffitis, mais surtout grâce à un incroyable témoignage : le célèbre « papyrus de Turin » que l'on peut admirer dans le musée de cette ville. Daté de la période ramesside (vers 1150 avant J.-C.), long de près de 2,60 mètres, il se compose de deux parties, l'une satirique, l'autre clairement érotique, puisqu'elle traite des pratiques sexuelles en vogue dans un lupanar. Champollion, le premier à décrire le document en 1824, parle d'« une obscénité monstrueuse » ! Il ne sera d'ailleurs exposé au public qu'en 1973 !

« Dans ces restes si fragiles et si mutilés
d'un monde qui n'est plus,
j'ai vu, comme dans celui d'aujourd'hui,
que du sublime au ridicule
il n'y a qu'un pas [...] :
à côté d'un fragment soit d'un acte
du règne de Ramsès le Grand,
soit d'un rituel contenant
les louanges de Ramsès Méiamoun,
[on trouve] des débris de peintures
d'une obscénité monstrueuse
et qui me donnent une bien singulière
idée de la gravité
et de la sagesse égyptienne. »

Champollion

Papyrus érotique de Turin

Scène de repas sur une stèle funéraire, vers 2700 avant J.-C.

Luffa aegyptiaca,
le « concombre égyptien », consommé depuis toujours au pays de Pharaon.

Amoureux des plaisirs de la chair, les Égyptiens ne demeurent pas insensibles devant les attraits de la bonne chère. Hélas pour les cuisiniers d'aujourd'hui, il est difficile de connaître précisément la gastronomie égyptienne et ses mutations, étant donné qu'elle ne représente pas moins de 3 000 ans d'Histoire !

En 3 millénaires, les façons de se nourrir ont sans doute connu bien des modes – pensons à notre propre histoire ! – qui, malheureusement, laissent peu de traces. Si les historiens ne savent presque rien sur les méthodes de préparation ou les plats (aucun menu écrit ne nous est parvenu), ils peuvent, en revanche, avancer quelques certitudes sur les matières premières mises en œuvre dans une cuisine antique égyptienne.

D'abord des légumes, souvent servis crus : des oignons, de la laitue, du concombre (égyptien, forcément !), des lentilles, des fèves (utilisées sous forme de galettes, comme les falafels actuels), du souchet et des olives. Côté épices, on trouve de la coriandre, du fenouil, du cumin, de l'aneth et bien sûr du sel.

*Le souchet (*Cyperus esculentus*), une plante herbacée, produit un tubercule de la taille d'une noisette. Riche en nutriments, il est consommé après trempage ou sous forme d'huile.*

UN GÂTEAU POUR PHARAONS D'AUJOURD'HUI

Dans ses ateliers, le musée du Louvre-Lens a proposé la recette suivante de gâteaux au souchet.

Matériel nécessaire :

- 50 g de miel
- 5 g de dattes dénoyautées
- 10 g de farine de souchet
- Huile d'olive
- Un peu d'eau
- Une poêle

Hacher les dattes et les réduire en purée. Ajouter le miel et mélanger pour obtenir une substance homogène. Dans un plat haut, mélanger la farine de souchet avec l'eau jusqu'à obtenir une pâte grumeleuse et humide. Y ajouter le mélange dattes et miel, puis bien mélanger jusqu'à obtenir une pâte qui peut s'agglomérer dans la main. Façonner des petites boules, puis leur donner une forme de cône. Les faire frire ensuite à l'huile dans une poêle. Déguster...

Cette femme s'avance d'un pas décidé avec des offrandes aux dieux, composées d'un canard tenu à la main et d'un panier sur la tête, qui peut contenir des jarres de bière ou de la farine (de souchet ?). Statuette d'environ 1950 avant J.-C.

L'huile d'olive reste un produit rare, souvent d'importation, achetée en Crète, en Syrie ou en Palestine. Quant aux fruits, on récolte dattes, figues communes, sycomores, raisins, melons, pastèques et grenades, ces dernières étant parfois utilisées pour faire une sorte de vin.

La viande, bien sûr, fait partie du régime alimentaire des anciens Égyptiens. Viande de bœuf (consommée lors des jours de fête), de mouton, de porc. Auxquels s'ajoutent les volailles comme le canard, les oies et les cailles, ainsi que des oiseaux sauvages. Le Nil fournit près d'une centaine d'espèces de poissons, dont le tilapia, le poisson-chat et la perche du Nil. Les mollusques, y compris les huîtres du Nil, sont connus et consommés.

Scène de pêche représentée sur le bas-relief d'une tombe à Saqqarah.

Pain égyptiens de différentes formes sur une table basse en roseaux et tiges de papyrus.

Ce groupe s'affaire à la fabrication de pain (vers 2090 avant J.-C.). Le personnage au premier plan moud le grain.

Mais la cuisine égyptienne repose avant tout sur deux piliers, le pain et la bière. En règle générale, chaque famille confectionne son propre pain, même s'il existe des boulangeries qui, par exemple, livrent les ouvriers travaillant sur des chantiers.

Oubliez le pain de mie moelleux et faites attention à vos dents en mâchant ! En raison des outils de meulage en pierre utilisés pour réduire le grain en farine et du sable qui s'infiltre partout, impossible d'éviter que le pain contienne du sable ou des éclats de pierre. Ce qui n'est pas sans conséquences sur la dentition des consommateurs, comme les chercheurs le constatent souvent lors de l'analyse des momies...

Ce pain assez basique fournit la base de l'alimentation, mais peut s'agrémenter de nombreuses façons : plus ou moins cuit, assaisonné d'épices ou garni de fruits – de dattes, de raisins séchés, etc. Il s'accompagne de bière (*heneqet*), l'autre base des menus égyptiens.

Cette boisson fait partie de la vie quotidienne, et les textes médicaux décrivent des centaines de remèdes contenant de la bière.

Figurine de calcaire représentant un brasseur de bière (vers 2200 avant J.-C.).

Vase d'onguent en forme de tilapia (vers 1800-1550 avant J.-C.).

Si elle s'élabore à base de blé ou d'orge, cette boisson a vu de nombreuses recettes se succéder au fil du temps, avec une grande diversité dans la qualité des ingrédients. Son goût ? Assurément différent de celui de nos pintes habituelles... Plus épaisse, plus amère, elle n'est pas gazéifiée et se dégustait à la paille ! À la fois déshydratantes et nourrissantes, ces bières titrent un faible degré d'alcool, entre 2 et 3 %. Elles sont appréciées par les Égyptiens, comme en témoigne le surnom de certains breuvages, « Source de joie », « La Beauté » ou « La Paradisiaque ».

Ce qui est à peu près sûr, c'est que boulangers et brasseurs travaillaient généralement côte à côte, dans le même atelier ou la même maison, en raison des ingrédients communs aux deux professions.

Memphis, comme les hommes, est mortelle. Vers 2150 environ avant notre ère, Thèbes, l'actuelle Louxor, lui succède pour devenir la capitale du pays. Bien plus tard, nouvelle concurrence en 331 avant J.-C., avec la fondation d'Alexandrie. La cité perd ensuite toute importance sous la domination romaine, avant d'être abandonnée au VIIe siècle, peu après la conquête arabe. Comme les pyramides, ses ruines fourniront alors le matériau pour la construction du Caire.

Sur deux étages et de nombreux sous-sols, le musée égyptien du Caire abrite une centaine de salles d'exposition et une collection de 160 000 objets antiques !

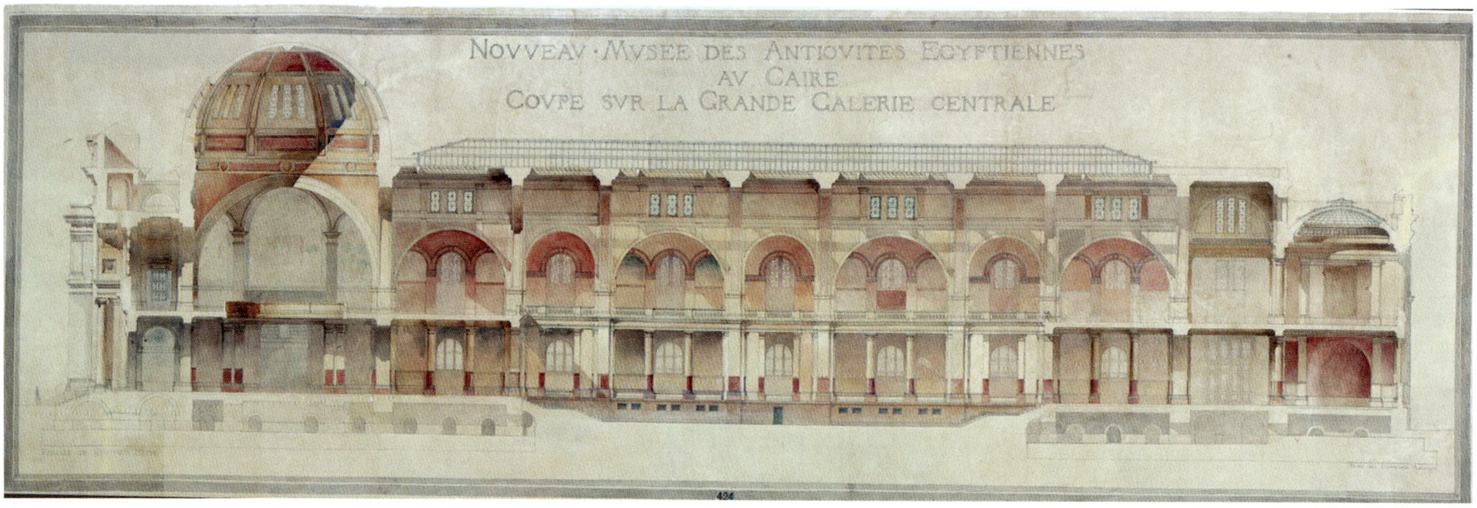

« Coupable » de la disparition de Memphis, Le Caire se rachète de toutes ses fautes, puisque la ville abrite le plus extraordinaire des musées consacrés à la civilisation égyptienne. Le musée égyptien du Caire s'élève au cœur de la ville, non loin de la place Tahir. Reconnaissable entre tous avec ses façades roses, c'est le plus vieux musée d'antiquités égyptiennes du pays puisqu'il a été inauguré en 1902.

Depuis plus de 120 ans, les plus grands scientifiques et explorateurs de la planète se succèdent entre ses murs pour examiner ses riches collections. Musée pionnier dans l'exposition des trésors antiques, il fut longtemps le premier musée d'antiquités égyptiennes au monde, même s'il est aujourd'hui concurrencé par un nouvel établissement, le Grand Egyptian Museum, installé au pied des pyramides.

Récemment rénové, le bâtiment qui abrite le musée égyptien du Caire est l'œuvre de l'architecte français Marcel Dourgnon (1858-1911).

Dans ce gigantesque bâtiment ultramoderne, un colosse de Ramsès accueille le visiteur qui découvrira 130 000 mètres carrés d'espace d'exposition consacré à l'égyptologie !

Le Grand Egyptian Museum, à Gizeh, s'ouvre au public avec un coût pharaonique, plus d'un milliard de dollars ! Il expose une partie des trésors prélevés dans les réserves du musée du Caire et s'impose déjà comme le plus grand musée consacré à la civilisation égyptienne antique.

Pour autant, le vieux musée du Caire n'en perd ni son importance ni son charme délicatement suranné et rappelle de vieux souvenirs de lecture. Dans *Le Mystère de la Grande Pyramide*, Blake et Mortimer mènent leur extraordinaire enquête dans ces vénérables murs !

Une fois encore, lorsqu'on se penche sur l'égyptologie, l'ombre de Champollion n'est jamais loin. C'est lui qui, en 1829, remet une note au souverain égyptien Méhémet Ali lui conseillant de réunir toutes les découvertes archéologiques dans un même lieu, afin de les soustraire au trafic d'œuvres d'art. C'est à la suite de ce conseil avisé que, en 1835, l'Égypte interdit l'exportation d'« objets d'antiquités ». Pour diriger le prestigieux établissement, les autorités égyptiennes font longtemps appel à des sommités françaises de l'archéologie, comme Auguste Mariette (1821-1881) et Gaston Maspero (1846-1916).

Tous deux n'ont en revanche pas connu le joyau du musée qui allait être découvert le 4 novembre 1922, le trésor du pharaon Toutânkhamon.

Monument et tombeau d'Auguste Mariette dans le parc du musée égyptien du Caire.

Sous le contrôle de Gaston Maspero, les archéologues procèdent au démaillotage de la momie d'une prêtresse d'Amon, retrouvée à Deir-el-Bahari.

Pour admirer les trésors découverts par Carter dans le sépulcre de la Vallée des Rois sans risque d'encourir une malédiction, il suffit de suivre les visiteurs ! La salle consacrée à Toutânkhamon est la plus fréquentée du musée égyptien du Caire, et on le comprend bien. La plupart des trésors de la tombe du jeune roi sont exposés ici. Si ces objets montrent une fois de plus à quel point la civilisation antique égyptienne était délicate et raffinée, ils témoignent aussi des crises, mutations et grandes heures qui ont rythmé ces 3 000 ans d'histoire.

DE L'ANCIEN EMPIRE AUX PTOLÉMÉES

L'histoire de l'Égypte antique court sur 3 millénaires avec des périodes bien distinctes, des pharaons charismatiques, des avancées territoriales et une chute finale. En 30 avant notre ère, l'Égypte, autrefois crainte et jalousée, devient une province romaine. Et c'est à Alexandrie, au nord du pays, que cette histoire prend fin.

Après les fastes de Memphis sous l'Ancien Empire, la civilisation égyptienne connaît de nombreux remous. Des périodes pacifiques alternent avec des guerres intestines appelées « périodes intermédiaires ». La première laisse place au Moyen Empire (1980-1760 avant J.-C.). Quinze pharaons se succèdent, alors que fleurissent l'écrit et la littérature égyptiens. Dans le domaine monumental, Amenemhat Ier fait édifier le temple de Karnak.

Après la mort de Cléopâtre, « le » dernier pharaon, les Romains occupent l'Égypte et ne tardent pas à y laisser leur empreinte. Preuve de la romanisation du pays, ce temple, à Louxor, consacré à l'empereur Hadrien et édifié au IIIe siècle à l'avant du pylône de Ramsès II, dans un style bien différent de l'architecture égyptienne.

La seconde arrive avec le Nouvel Empire (1539-1077 avant J.-C.) : c'est le moment où la civilisation pharaonique atteint son apogée. De grands noms marquent cette période : Hatchepsout (1490-1468 avant J.-C.), la seule femme pharaon qui assume d'abord le pouvoir au nom de son fils, avant de monter sur le trône d'Égypte. Pour assurer l'importance géopolitique de son royaume, elle ne craint pas de lancer de grandes expéditions jusqu'au sud de la mer Rouge.

Parmi les souverains notables, citons le remarquable Aménophis III (1403-1365 avant J.-C.). Grand bâtisseur, il ordonne l'érection de certains des plus monumentaux bâtiments encore visibles aujourd'hui : le temple de Louxor, les colosses de Memnon, ainsi que des agrandissements de Karnak.

Une révolution bien connue marque le Nouvel Empire. Akhénaton décide, épaulé par son épouse Néfertiti, d'imposer une religion monothéiste : Aton, le disque solaire, devient le seul dieu. Akhénaton règne pendant 17 ans sous la protection de cette divinité unique, mais à sa mort, cette réforme religieuse controversée disparaît avec lui. Moins d'une décennie plus tard, c'est au tour de Toutânkhamon de monter sur le trône. Il n'a que 10 ans, et mourra dans des circonstances mystérieuses alors qu'il n'est âgé que d'une vingtaine d'années. Son court règne ne marquera guère les annales, au contraire du faste de sa tombe découverte dans la Vallée des Rois par Howard Carter en 1922.

Façade du grand temple et ses quatre colosses de Ramsès.

Mais le plus grand des pharaons du Nouvel Empire s'appelle bien sûr Ramsès, second du nom. Il gouverne l'Égypte pendant 66 ans avec l'aide de sa femme Néfertari, et meurt sur le trône, à l'âge vénérable de 90 ans. Vainqueur d'un grand nombre de campagnes militaires, il s'impose aussi comme un grand bâtisseur. Sous son règne, de nombreux monuments comme les statues colossales à son image d'Abou-Simbel et les obélisques de Louxor sont érigés. Il fait notamment édifier un magnifique tombeau pour son épouse Néfertari dans la Vallée des Reines.

Bien des siècles plus tard, l'Égypte n'est plus que son ombre : elle a perdu de son rayonnement politique et de sa puissance économique et militaire. Alors qu'elle végète doucement, naît, de l'autre côté de la Méditerranée dans un petit royaume en pleine expansion, l'héritier du roi Philippe de Macédoine. Prénommé Alexandre, il s'empare durant sa courte vie (356-323 avant notre ère) des cités grecques, et devient en quelques années le chef d'un empire qui s'étend de la Grèce à l'Indus en passant par l'Égypte, soumise en 322. Elle est vaincue, certes, mais son génial conquérant lui offre un formidable présent : une nouvelle ville promise à un destin exceptionnel, Alexandrie !

Alexandre sur la mosaïque dite de la Bataille de Gaugamèles. Maison du Faune (Pompéi).

Pour commémorer sa victoire sur les Hittites à la bataille de Qadesh, Ramsès II ordonne, vers 1260 avant notre ère, l'édification de deux temples, destinés à célébrer les dieux, mais aussi lui même ainsi que son épouse Néfertari. Menacés d'engloutissement par la construction du barrage d'Assouan, ils sont démontés, puis remontés entre 1964 et 1968, sur un site voisin.

CHAPITRE 5

ALEXANDRIE, LA MERVEILLE ENGLOUTIE

Grâce au phare d'Alexandrie, les marins du monde entier pouvaient voir à quel point la ville était puissante et en avance sur son temps. Certains écrits indiquent que des miroirs réfléchissaient la lumière au loin et que, de jour comme de nuit, le phare était visible à « une journée de mer » !

En plus du phare, il y avait à Alexandrie une bibliothèque unique en son genre. Elle comptait à son apogée 700 000 rouleaux, des traités scientifiques aux tragédies d'Eschyle, Sophocle et Euripide, dans toutes les langues du monde connu, en grec, en égyptien, en araméen, en hébreu, en nabatéen… C'était un véritable centre de savoir universel.

Lorànt Deutsch

Quittons les sables de Gizeh et les ruines de Memphis et poursuivons notre voyage : direction Alexandrie, fille de la mer, du Nil et… d'Alexandre le Conquérant. C'est au bord de la Méditerranée que le Macédonien décide de fonder, en 331 avant notre ère, une nouvelle cité qui deviendra le « phare » de la pensée et abritera l'une des plus étonnantes merveilles du monde…

Mais, comme toujours en Égypte, arriver dans une ville, c'est d'abord plonger dans un mille-feuille archéologique, où chaque période historique dépose sa trace architecturale. Observons Qaitbay, cette citadelle mamelouke qui veille sur la baie depuis le XVe siècle. Qui pourrait deviner que la fortification, qui porte le nom du sultan ayant ordonné son édification, occupe l'emplacement exact du phare d'Alexandrie ?

La variété française doit beaucoup à l'Égypte. Dalida naît au Caire, Claude François voit le jour à Ismaïlia et c'est grâce à lui que nous connaissons tous Alexandrie, « où l'amour danse avec la vie ».

Le vœu formulé par Alexandre le Grand, celui de doter le port de la nouvelle cité d'une colossale tour-fanal, a été exaucé par Ptolémée, son lieutenant, qui dirigeait l'Égypte en son nom. Grâce aux talents de l'architecte Sostrate de Cnide – et peut-être aussi à l'aide du fameux mathématicien Euclide –, ce monument a pu voir le jour. Composé d'une base carrée, puis d'une tour orthogonale et enfin cylindrique, la statue d'un dieu – selon les descriptions, Poséidon, Zeus ou Hélios – la couronne et veille sur la ville et le port.

À une cinquantaine de kilomètres d'Alexandrie, un tombeau situé dans la nécropole de la cité de Taposiris Magna reproduit l'architecture du Phare.

Monument pensé par des Grecs, il témoigne aussi de leur intégration dans le monde artistique local, puisque des statues colossales (de près d'une dizaine de mètres de haut) encadrent l'entrée. Parmi elles, on retrouve des dieux familiers aux Égyptiens, comme Isis, sans oublier des représentations de souverains grecs portant les insignes de Pharaon.

L'utilité pratique de cette tour ? guider les navires… à bon port, celui d'Alexandrie. Et, par ce monument sans égal, proclamer au monde la puissance d'Alexandre et de l'Égypte sous domination grecque. Au sommet, des miroirs reflètent les rayons du soleil, remplacés par un feu au crépuscule. Certains écrits indiquent donc que, de jour comme de nuit, le Phare était visible à « une journée de mer » !

À la fin du VIIe siècle avant notre ère, l'Égypte passe sous contrôle perse. Alexandre, qui vient d'écraser l'empereur perse en Syrie, est accueilli en libérateur par les Égyptiens. Après la mort du Conquérant, Ptolémée fonde la dynastie lagide (du nom de son père, Lagos), qui règne sur l'Égypte jusqu'à la mort de sa dernière souveraine, grecque donc, Cléopâtre. Cette statue, sculptée vers 300 avant J.-C., représente Alexandre en pharaon.

Alexandre, représenté comme un pharaon, prie Amon-Rê dans ce relief du temple de Louxor.

> « *La pointe qui termine la petite île de Pharos n'est elle-même qu'un rocher battu de tous côtés par les flots. Sur ce rocher s'élève une tour à plusieurs étages, en marbre blanc, ouvrage merveilleusement beau, qu'on appelle aussi le Phare, comme l'île elle-même. C'est Sostrate de Cnide qui l'a érigée et dédiée, en sa qualité d'ami des rois, et pour la sûreté des marins qui naviguent dans ces parages.* »
>
> Strabon, géographe et historien, vers 63-23 avant J.-C.

Et c'est donc avec ce monument qu'apparaît le mot « phare ». Cette tour-fanal tire tout simplement son nom de la presqu'île, Pharos, sur laquelle il s'élevait. Et « s'élevait » est le terme approprié, puisqu'il s'agissait probablement de la plus haute tour de pierre jamais construite au monde. Les chercheurs estiment sa hauteur entre 100 et 135 mètres, une dizaine de mètres de moins que la pyramide de Khéops ! Le plus haut phare actuel d'Europe – celui de l'île Vierge, à Plouguerneau (Finistère) – ne mesure que 82 mètres... Si on ignore la durée du chantier (il débute en 280 avant J.-C., 43 ans après la mort d'Alexandre), on connaît son coût, près d'un dixième du budget total du royaume d'Égypte !

Cette statue d'un souverain de la dynastie des Ptolémées ornait l'une des façades du rez-de-chaussée du Phare.

Alexandre, à l'origine de la création d'Alexandrie, mourra en 323 avant J.-C., sans l'avoir vue sortir de terre.

ALEXANDRE LE (TRÈS) GRAND

Personnage de légende, Alexandre de Macédoine, né en 356 avant J.-C. à Pella, brille par les armes, son courage, mais aussi son éducation, délivrée par Aristote, ce qui n'est pas rien...

Dès ses 14 ans, Alexandre s'illustre sur les champs de bataille en Arménie. À peine âgé de 20 ans, il prend la tête d'une puissante armée et, secondé par douze fidèles soigneusement choisis qui deviennent ses pairs, les Compagnons, envahit le Moyen-Orient. En quelques mois, Alexandre conquiert l'immense Empire perse, mais ne s'arrête pas là et triomphe du roi indien Porus.

Devenu roi de Macédoine à 20 ans, maître du monde connu (œkoumène) à 30 ans, et mort à 33 ans, Alexandre le Grand a été considéré comme un dieu et est entré dans la légende de son vivant. Cette renommée s'explique par des actes symboliques marquants, l'étendue de ses conquêtes, et une existence fulgurante.

En seulement trois batailles, Alexandre abat l'immense Empire perse, dirigé jusque-là par Darius, lequel, lors de la bataille d'Issos (en 333 avant J.-C.), échappe à la lance vengeresse d'Alexandre en prenant la fuite sur son char de combat.

Modèle du bon roi, juste et généreux, conquérant respectueux des vaincus, archétype du roi philosophe, Alexandre s'impose dans l'Histoire comme l'exemple d'une figure universelle et rare : celle du héros civilisateur, métissant les cultures et réunissant tous les peuples sous une même bannière.

Durant 2 ans, Aristote, l'un des plus grands penseurs du monde grec, est chargé par Philippe de Macédoine d'éduquer son fils, Alexandre.

Il veut faire d'Alexandrie une capitale grandiose, toute vouée au savoir et à la beauté. Lui qui a été éduqué par Aristote imagine, dessine et conçoit « sa ville idéale ». Une ville que le Conquérant ne verra que sur plan, car une soudaine fièvre l'emporte. Le maître de la Grèce, de l'Égypte et de l'Asie s'éteint le 13 juin 323 avant notre ère, à l'âge de 33 ans, usé par ses incessantes campagnes militaires.

Il prétendait descendre d'Achille et d'Héraclès, et par là même de Zeus. Et cette rumeur, savamment entretenue, ainsi que sa mort soudaine au faîte de sa gloire ont contribué à l'élaboration d'un véritable mythe du Conquérant.

> *« Alexandre le Grand, le fils du roi Philippe, partit de son pays, la Macédoine, pour faire la guerre. C'est alors qu'il battit Darius, le roi des Perses et des Mèdes. [...] Il livra de nombreuses batailles, s'empara de villes fortifiées et fit exécuter les chefs locaux. Il parvint jusqu'au bout du monde et pilla un grand nombre de nations. Quand la terre fut en paix sous son autorité, il devint orgueilleux et arrogant. »*
>
> *Livre des Maccabées*, Ancien Testament

Les faits légendaires et les exploits militaires d'Alexandre traversent les siècles et inspirent des générations de grands hommes, comme César.

> *« Étant venu à Cadix, César remarqua près du temple d'Hercule une statue d'Alexandre le Grand : il se mit alors à gémir et, comme écœuré de son inaction, en pensant qu'il n'avait encore rien fait de mémorable à l'âge où Alexandre avait déjà soumis toute la terre, il demanda tout de suite un congé pour saisir le plus tôt possible, à Rome, les occasions de se signaler. »*

Suétone, fin du Ier siècle-début du IIe après J.-C., « César », dans *La Vie des douze Césars*

L'immense empire bâti par Alexandre ne lui survit pas. Dès sa mort, ses généraux – surnommés les Diadoques (« successeurs ») – se partagent les territoires. Le Macédonien Ptolémée, un ami d'enfance d'Alexandre, s'empare de l'Égypte. Le royaume des pharaons entre dans une nouvelle et ultime phase : celle de la dynastie lagide des Ptolémées, sous laquelle fusionneront cultures égyptienne et grecque.

À Suse, Alexandre épouse Stateira, la fille du roi Darius. Ses soldats, à leur tour, s'uniront aux femmes de leurs anciens adversaires afin de fonder un nouvel empire. Mais la première épouse du Conquérant, Roxane (« la Lumineuse », en vieux perse), née dans une famille noble de Bactriane (au nord de l'Afghanistan), la fera assassiner.

Descendant de Zeus, Alexandre trouve une étonnante postérité dans l'Ancien Testament, comme dans le Coran, qui le nomme Iskandar.

Le colosse de Memnon (à droite), à Louxor, qui portait les traits du pharaon Aménophis III (vers 1408-1372 avant J.-C.), aujourd'hui redressé, fut mis à bas par un séisme en 27 avant notre ère.

La mort du Conquérant, la division de l'empire, les guerres entre les Diadoques n'entravent pas les travaux de construction du phare d'Alexandrie, un chantier qui bénéficie de toutes les attentions du pouvoir, et donc des meilleurs matériaux. Ainsi, le choix du granit rose pour la structure du monument. Une roche réputée pour sa dureté et sa solidité, capable de supporter le poids des étages successifs du Phare. D'ailleurs, plusieurs obélisques, comme celui de la Concorde, à Paris, sont taillés dans cette matière.

À Alexandrie, les ingénieurs grecs doivent composer avec un péril toujours menaçant : les tremblements de terre. Si l'Égypte, éloignée des failles, ne se situe pas dans une zone à forte sismicité comme la Turquie, les risques de séisme ne sont pas à écarter, comme l'a montré celui, dévastateur, du Caire en 1992.

Pour que le Phare absorbe les secousses, les Grecs emploient un procédé bien spécifique. Taillés de manière à s'emboîter

Lors du siège de Syracuse en 213 avant notre ère, les Siciliens, grâce au stratagème d'Archimède, seraient parvenus à incendier des navires romains. Une légende tardive, très tardive, que les auteurs antiques ne mentionnent jamais…

parfaitement, les blocs sont percés de trous reliés entre eux par des chevilles en bois, puis réunis par des agrafes de métal. Pour solidifier l'ensemble et lui permettre de résister aux assauts du vent et de la mer, on coule enfin un mortier à base de plomb entre ces blocs. Dans ces opérations successives, réside certainement le secret de sa solidité. Cette technique innovante a plutôt bien fonctionné puisque ce splendide phare est resté debout pendant 1 500 ans.

Monument démesuré, il est normal qu'il attire les légendes. On raconte ainsi qu'en plus de son rôle pacifique – guider les marins – le Phare peut se transformer en une arme formidable. Cette « arme secrète » serait née de l'imagination du savant Archimède (287-212 avant notre ère), un Sicilien venu à Alexandrie pour parfaire ses études, comme la plupart des intellectuels de son temps.

Voici ce que raconte l'histoire. Ce savant touche-à-tout met au point des miroirs géants qui, réfléchissant et concentrant les rayons du soleil, sont capables, une fois dirigés vers des navires ennemis, d'enflammer leurs voiles.

Mais si le phénomène physique désigné sous le terme évocateur de « rayon ardent » est aujourd'hui bien connu, le procédé d'Archimède reste assez contesté et nul ne sait si Alexandrie disposait d'une telle arme pour assurer sa défense.

L'origine de cette rumeur tient sans aucun doute à la présence, bien attestée cette fois, de miroirs sur la plate-forme sommitale, mais destinés à refléter la lumière des feux nocturnes afin de guider les navires au cœur de la nuit.

Jusqu'au début du XXe siècle, le Phare et son architecture demeuraient mystérieux, malgré les nombreuses représentations sur des monnaies, des mosaïques ou des cartes. Mais les textes et les représentations, souvent vagues ou stéréotypés, ne suffisaient pas pour en dégager l'architecture avec précision. À tel point que même son emplacement prêtait à discussion !

Comme les constructeurs du phare d'Alexandrie, les ingénieurs qui rebâtissent après 1944 le phare de Mean Ruz en Bretagne utilisent un parement en granit rose !

LES ROUTES DU COMMERCE

AU CARREFOUR DES CIVILISATIONS

Point de convergence entre l'Afrique, l'Asie et l'Europe, l'Égypte antique était un centre névralgique du commerce international. Les échanges, terrestres et maritimes, jouaient un rôle vital dans l'économie, la politique et la culture.

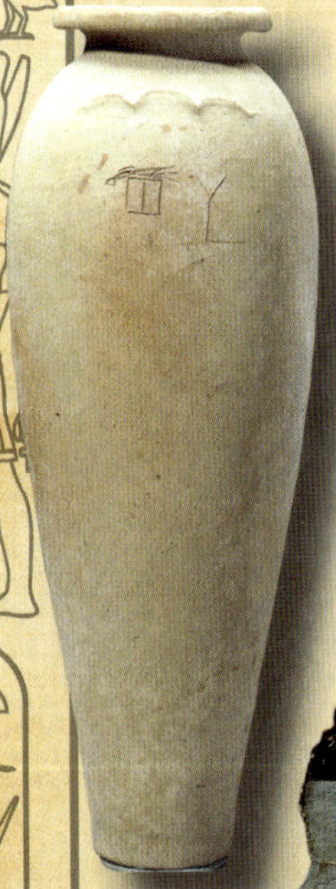

À travers les siècles, le commerce a façonné l'Égypte en un carrefour de cultures, d'idées et de richesses. Ces échanges ont laissé une empreinte indélébile sur la société égyptienne, témoignant de son ouverture et de sa capacité à intégrer et à innover.

Les échanges commerciaux ont également été un vecteur d'innovation, introduisant en Égypte des technologies comme le travail du fer et des méthodes de navigation avancées.

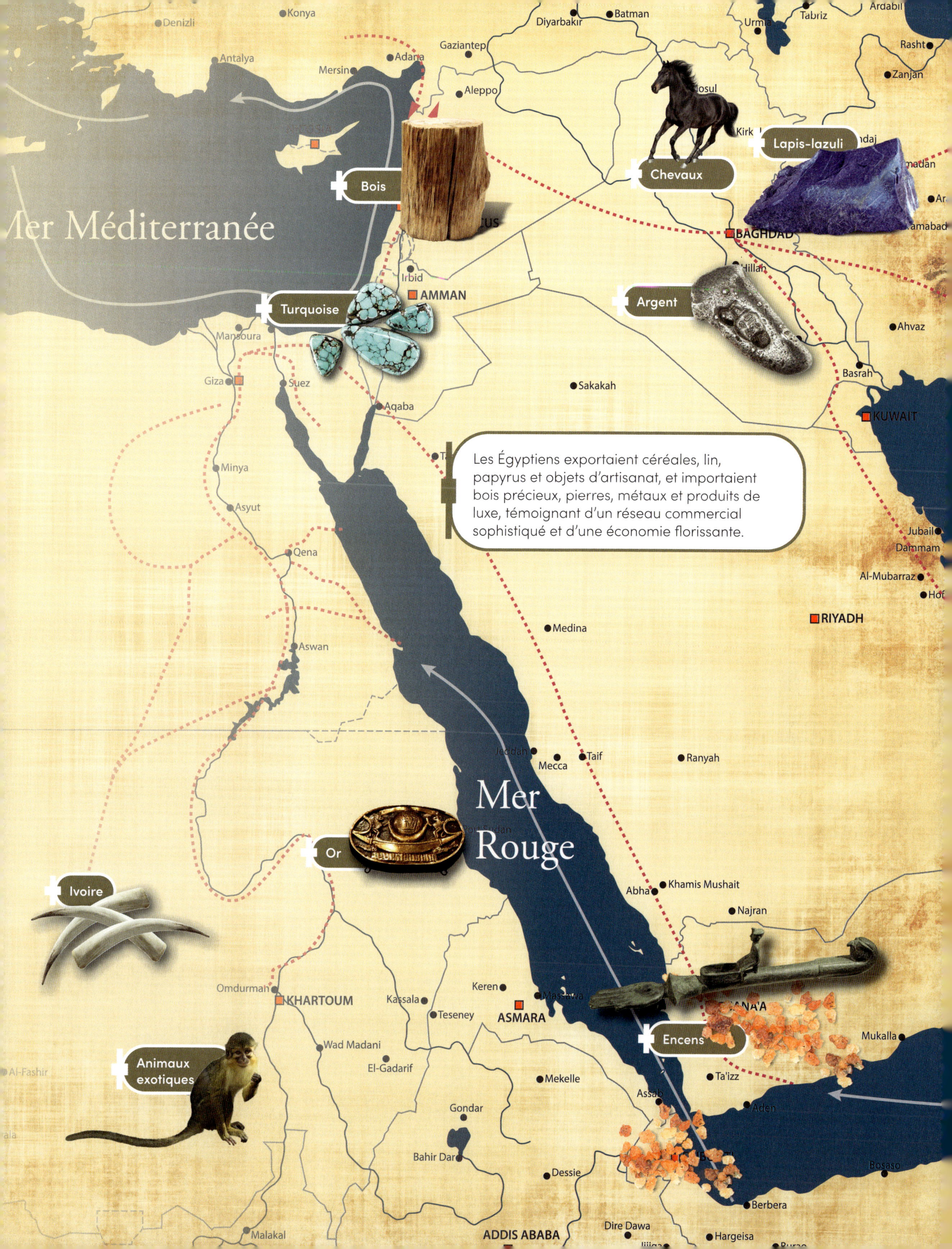
Mer Méditerranée
Mer Rouge
Bois
Chevaux
Lapis-lazuli
Turquoise
Argent
Or
Ivoire
Encens
Animaux exotiques
Les Égyptiens exportaient céréales, lin, papyrus et objets d'artisanat, et importaient bois précieux, pierres, métaux et produits de luxe, témoignant d'un réseau commercial sophistiqué et d'une économie florissante.
Denizli
Konya
Antalya
Mersin
Adana
Gaziantep
Aleppo
Diyarbakir
Batman
Urmia
Tabriz
Ardabil
Rasht
Zanjan
BAGHDAD
Hillah
Irbid
AMMAN
Mansoura
Giza
Suez
Aqaba
Sakakah
Basrah
Ahvaz
KUWAIT
Minya
Asyut
Qena
Aswan
Medina
Jubail
Dammam
Al-Mubarraz
RIYADH
Jeddah
Mecca
Taif
Ranyah
Abha
Khamis Mushait
Najran
Omdurman
KHARTOUM
Kassala
Teseney
Keren
ASMARA
Wad Madani
El-Gadarif
Mekelle
Gondar
Bahir Dar
Dessie
Ta'izz
Aden
Mukalla
Bosaso
Berbera
Hargeisa
Dire Dawa
ADDIS ABABA
Malakal
Al-Fashir

Au XIIe siècle, le géographe arabe Al-Idrissi fait réaliser une carte du monde accompagnant son ouvrage Le Livre des voyages agréables dans des pays lointains. *Les monuments, réels ou imaginaires, qui y sont représentés se comptent sur les doigts d'une main. Parmi eux, le phare d'Alexandrie…*

V.
IV.
III.
II.
I.
Phare d'Alexandrie
CS IDRISI vom Jahr 1154 n.Ch.

Mosaïque (XIIIe siècle) représentant saint Marc débarquant à Alexandrie. On y reconnaît, bien sûr, le Phare.

Le géographe arabe Al-Idrissi, abordant Alexandrie, ne manque pas de décrire le Phare – peut-être après l'avoir lui-même exploré…

« *On y monte par un escalier large, construit dans l'intérieur, comme le sont ordinairement ceux qu'on pratique dans les tours des mosquées. Le premier escalier se termine vers le milieu du phare, et là l'édifice devient, par ses quatre côtés, plus étroit. Dans l'intérieur et sous l'escalier, on a construit des chambres. À partir de la galerie du milieu, le phare s'élève jusqu'à son sommet, en se rétrécissant de plus en plus […]. De cette même galerie on monte de nouveau, pour atteindre le sommet, par un escalier de dimensions plus étroites que celles de l'escalier inférieur.*

Le phare est percé, dans toutes ses parties, de fenêtres destinées à procurer du jour aux personnes qui montent, et afin qu'elles puissent placer convenablement leurs pieds en montant.

Cet édifice est singulièrement remarquable, tant à cause de sa hauteur qu'à cause de sa solidité ; il est très utile en ce qu'on y allume nuit et jour du feu pour servir de signal aux navigateurs durant la saison entière des voyages ; les gens des navires reconnaissent ce feu et se dirigent en conséquence, car il est visible d'une journée maritime (100 milles) de distance.

Durant la nuit il apparaît comme une étoile brillante ; durant le jour on en distingue la fumée. »

Al-Idrissi, 1100-1165

En réalité, il suffisait de se plonger dans l'histoire d'Alexandrie et de plonger – au sens propre – dans la baie pour redécouvrir le monument antique !

LES TRÉSORS ENGLOUTIS

On se doutait que les fonds de la rade d'Alexandrie recelaient des trésors depuis que, au début des années 1960, Kamal Abou al-Sadate, un plongeur égyptien, avait mis au jour une gigantesque statue de la déesse Isis. Une campagne de recherches sous l'égide de l'UNESCO aboutissait, dès 1975, à la publication d'un premier inventaire du site sous-marin.

À partir de 1990, les découvertes de l'archéologue français Jean-Yves Empereur changent la donne. Ce dernier repère et cartographie, au pied de la citadelle de Qaitbay, une zone sous-marine de 2 hectares, couverte de ruines. Plus de 3 000 blocs reposent dans la baie qui abritait le grand port d'Alexandrie durant l'Antiquité. Les plongeurs repèrent des dizaines de fragments de colonnes ; des éléments d'architecture ; des obélisques ; quelques pièces exceptionnelles de style grec ou pharaonique, comme un énorme torse de colosse en granit rouge d'Assouan qui, entier, devait former une statue haute de 13 mètres ; une tête d'homme ; une couronne hathorique (en forme de cornes de vache encadrant un disque solaire) ; un sphinx de Ramsès II ; un obélisque dédicacé à Séti Ier ; un buste de femme d'époque ptolémaïque...

Le buste d'une statue colossale représentant Ptolémée II, pesant pas moins de 12 tonnes, est arraché à la Méditerranée.

Le buste d'une statue colossale représentant Ptolémée II, pesant pas moins de 12 tonnes, est arraché à la Méditerranée.

Ces blocs furent-ils jetés dans les eaux volontairement ? Témoignent-ils alors des saccages effectués par l'armée croisée commandée par le roi de Chypre Pierre de Lusignan, qui s'empara brièvement d'Alexandrie en 1365 ?

Mais il s'avère que certains des blocs découverts par l'équipe de Jean-Yves Empereur sont trop lourds pour avoir été transportés.

« Ce qui nous a frappés, c'est la taille de certains blocs. Certains pèsent de 50 à 75 tonnes. Ils ne peuvent qu'avoir appartenu à un édifice monumental, comme l'était le Phare. Et il y a plus troublant : les blocs les plus imposants sont disposés selon un alignement, comme s'ils étaient tombés en ligne. Or, on sait avec certitude que le Phare s'élevait à la pointe de l'île de Pharos, à l'emplacement actuel de la citadelle de Qaitbay. Enfin, certaines pièces ressemblent fort à des éléments d'angle ou des rambardes, tels que le Phare pouvait en compter. »

Jean-Yves Empereur

Pas de doute, les plus gros blocs appartiennent donc bien au Phare, même si les deux seuls éléments qui pourraient en apporter une preuve irréfutable n'ont pas été retrouvés : la statue du dieu qui couronnait le monument et son inscription dédicatoire dont on connaît le texte en grec par les chroniqueurs anciens.

« Cette sauvegarde des Grecs, ce veilleur de Pharos, ô seigneur Protée, c'est Sostratos qui l'a érigé, fils de Déxiphanès de Cnide. C'est qu'en Égypte tu n'as point comme postes de guet des hauteurs sur des îles : non, la baie qui accueille les navires s'étend au ras des eaux. C'est pour cela que, debout toute droite, se découpe sur le ciel une tour qui se voit à une distance infinie pendant le jour. Pendant la nuit, bien vite, au milieu des flots, le marin apercevra le grand feu qui brûle au sommet, et il pourra courir droit sur la corne du Taureau, et il ne saurait manquer d'atteindre Zeus Sauveur, ô Protée, celui qui navigue dans ces parages. »

Aujourd'hui encore, le site continue d'être fouillé à raison de deux campagnes de plongées selon la météo. Et les plus beaux trésors sont encore à découvrir...

Si les croisés ne sont pas à l'origine de la destruction du Phare, il faut chercher le responsable ailleurs et se tourner vers Dame Nature. En effet, c'est elle qui, au travers de plusieurs séismes puissants – une vingtaine recensés dans les archives historiques –, a causé l'effondrement des étages supérieurs du Phare. En 1303, un tremblement de terre le fragilise gravement et en interdit l'accès, malgré les tentatives de réparation. Moins de 50 ans plus tard, le géographe marocain Ibn Battuta se trouve dans l'impossibilité d'y accéder.

> *« Je me dirigeai une seconde fois vers le Phare, lors de mon retour au Maghreb, en l'année 760 [1349], et je trouvai que sa ruine était complète, de sorte qu'on n'y pouvait plus entrer, ni monter jusqu'à la porte. »*
>
> Ibn Battuta, 1304-1369

Et, au siècle suivant, le fort de Qaitbay, édifié sur son emplacement, l'efface de la mémoire des hommes…

Durant plus d'un millénaire, le Phare incarne la bonne fortune d'Alexandrie. Sous les Ptolémées, le prestige de la cité, immense, rayonne dans tout le Bassin méditerranéen. Il durera 3 siècles, sous la dynastie des Ptolémées. Et la plus connue des Ptolémées n'est autre que Cléopâtre VII Théa Néôtera Philopatris… la dernière reine d'Égypte !

CLÉOPÂTRE, LA LÉGENDE

La vie romanesque de Cléopâtre – une souveraine, une amoureuse et une stratège – ne pouvait qu'entrer dans l'Histoire.

Mais que savons-nous d'elle au juste ? La princesse lagide, fille de Ptolémée XII Aulète (« le joueur de flûte »), serait née vers 69 avant J.-C. dans la ville d'Alexandrie. Dès son plus jeune âge, Cléopâtre se révèle brillante, intelligente et douée pour les langues étrangères – elle parle le grec, l'arabe, l'hébreu et l'éthiopien. Et l'égyptien, la langue de ses sujets ? La jeune Grecque l'apprend également. Elle possède assurément l'étoffe d'une grande reine et son père ne s'y trompe pas : il s'arrange pour qu'elle lui succède un jour. En 51 avant notre ère, à 17 ans à peine, la princesse monte sur le trône d'Égypte sous le nom de Cléopâtre VII Théa Néôtera Philopatris (« fille aimant sa patrie ») mais doit partager le pouvoir avec son frère Ptolémée XIII et même l'épouser !

Une ténébreuse Cléopâtre, peinte par John William Waterhouse (1849-1917).

Bustes de Cléopâtre et de César, conservés à l'Altes Museum de Berlin.

Mais ce partage du pouvoir crée des conflits. Certains clans sont pour Ptolémée, d'autres pour sa sœur, soutenus tour à tour par les Romains, alors en pleine expansion et qui lorgnent les richesses de l'Égypte. Jules César, subjugué par la jeune femme, l'aide à évincer son frère Ptolémée. Cléopâtre suit le général à Rome, pour renouveler le traité de paix entre l'Égypte et la République romaine. Bien que déjà marié, César, fol amoureux, installe son « Égyptienne » dans sa propre *domus*.

Cléopâtre y passera 2 ans jusqu'à l'assassinat de son amant en 44 avant notre ère. Elle retourne alors en Égypte avec Césarion, fils de César, fait assassiner Ptolémée et désigne son fils comme son successeur.

Les galères d'Octave, commandées par son fidèle lieutenant Agrippa, prennent le dessus sur la flotte égyptienne à Actium. C'en est fini du règne « romano-égyptien » de Cléopâtre et de Marc-Antoine.

Ensuite, vers 41 avant J.-C., elle rencontre Marc-Antoine, le consul qui gouverne les territoires orientaux de Rome. Leur histoire d'amour dure plusieurs années et trois enfants naissent de leur union. À Rome, Octave – le neveu de César et futur empereur Auguste –, désireux d'éliminer un rival, a beau jeu de dénoncer « l'égyptianisation » de Marc-Antoine et lance ses armées contre lui.

Peu après la grande bataille navale au large d'Actium, en Grèce, qui voit la victoire d'Octave, Marc-Antoine se donne la mort pendant que son ennemi entre dans Alexandrie. Cléopâtre se suicide à son tour. La légende dit qu'elle demande elle-même à ce qu'un serpent venimeux soit caché dans une corbeille de fruits qu'on lui apporte.

C'est ainsi que disparaissent la dernière reine d'Égypte et, avec elle, toute une civilisation. Les nombreuses qualités qu'on lui a reconnues en ont fait l'archétype de la femme puissante. Raison pour laquelle elle occupe encore aujourd'hui une place immense dans l'art, le cinéma, la littérature, les livres pour enfants, les bandes dessinées tant occidentales que japonaises.

Cette statue de granit de Ptolémée XV porte la coiffe. Fils de César et de Cléopâtre, surnommé Césarion (« Petit César »), roi associé à sa mère à l'âge de 3 ans, il sera assassiné après le suicide de celle-ci en 30 avant notre ère. Avec lui s'éteignent la dynastie des Ptolémées et la longue lignée des pharaons d'Égypte.

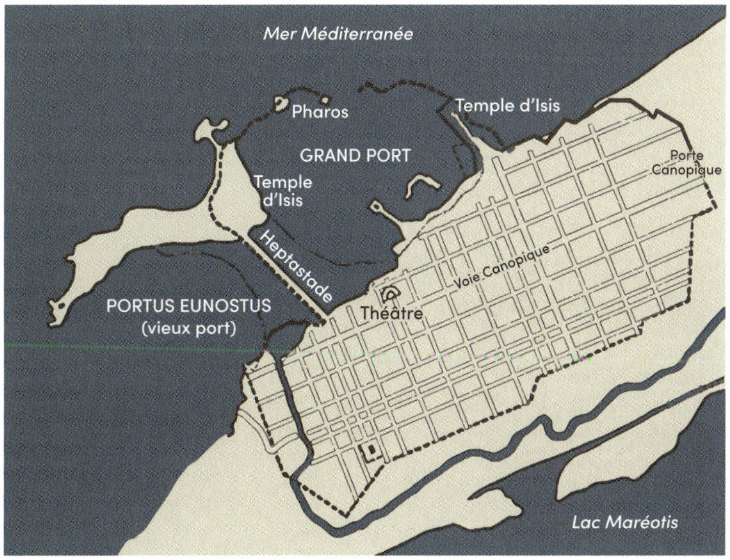

Sous le règne des Ptolémées, la renommée d'Alexandrie ne se limite pas au Phare. D'autres monuments embellissent la ville : le palais royal, l'Heptastade (une jetée longue de plus d'un kilomètre qui réunit le Phare à la ville), le temple de Sérapis... mais aussi, bien sûr, la Grande Bibliothèque.

Fondée en 288 avant notre ère, elle comptait, à son apogée, 700 000 rouleaux, des traités scientifiques et des œuvres littéraires, dans toutes les langues du monde connu, en grec, en égyptien, en araméen, en hébreu, en nabatéen... ce qui faisait d'elle un centre de savoir universel.

L'Heptastade, une jetée longue d'environ 1,3 kilomètre, sépare le port et réunit le Phare à la ville.

LA BIBLIOTHÈQUE D'ALEXANDRIE

À Alexandrie, le musée ouvre ses portes vers 287 avant J.-C., sous le règne de Ptolémée Ier, et ne tarde pas à attirer les meilleurs écrivains et scientifiques du monde grec.

Le mot grec *mouseîon* (« temple des Muses », qui a donné le terme moderne « musée ») désigne autant la communauté d'érudits assemblés sous un même toit que les collections qui y étaient conservées.

Le souverain lagide Ptolémée Ier (368-283 avant notre ère). Ami d'Alexandre, farouche guerrier, mais aussi protecteur des arts et fondateur du musée d'Alexandrie.

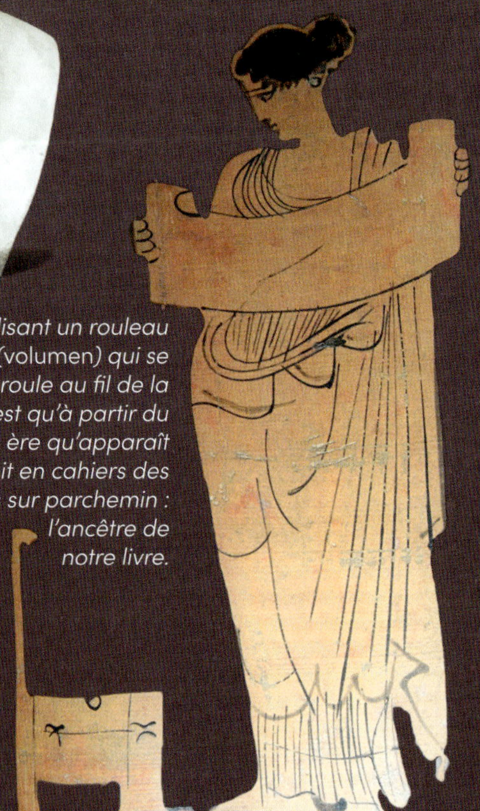

Muse lisant un rouleau de papyrus (volumen) qui se déroule et s'enroule au fil de la lecture. Ce n'est qu'à partir du Ier siècle de notre ère qu'apparaît le codex, qui réunit en cahiers des textes copiés sur parchemin : l'ancêtre de notre livre.

La bibliothèque située dans le musée possède le plus grand fonds d'ouvrages de l'Antiquité. C'est elle que l'on appelle la Grande Bibliothèque d'Alexandrie. Les auteurs antiques racontent qu'elle regroupait la copie de dizaines de milliers d'ouvrages, des rouleaux de papyrus rangés dans des casiers. Elle aurait contenu vers 150 avant J.-C. près de 250 000 rouleaux et 3 siècles plus tard, les auteurs antiques avancent le chiffre de 700 000 rouleaux.

Pour alimenter cette collection gigantesque, une règle : tous les voyageurs de passage doivent céder à la cité les textes qu'ils transportent. Une copie en est faite et remise au propriétaire, tandis que l'original rejoint les étagères de la Bibliothèque. Les plus grands savants de l'Antiquité s'y donnent rendez-vous, comme le mathématicien Euclide (vers 300 avant J.-C.) – connu pour ses écrits sur lesquels reposent une grande partie des mathématiques – ou Ératosthène (vers 250 avant J.-C.), le directeur de la Bibliothèque... Par la suite, les mathématiques font de grands progrès grâce aux travaux menés à Alexandrie.

Le plus ancien fragment des travaux du mathématicien Euclide.

On s'y adonne aussi à l'étude des astres et de la médecine. Mais, en 47 avant J.-C., les Romains attaquent la ville et mettent le feu aux entrepôts du port. L'incendie se propage, hélas ! jusqu'à la Bibliothèque, détruisant à tout jamais des centaines de milliers de rouleaux de papyrus. La Bibliothèque sera reconstruite, mais elle ne retrouvera jamais sa splendeur de l'époque des Ptolémées.

La Grande Bibliothèque, dont aucun vestige matériel n'est parvenu jusqu'à nous, survit de nos jours à travers son héritière, la Bibliotheca Alexandrina, un projet conduit par le gouvernement égyptien et l'UNESCO. Inauguré en 2023, ce bâtiment, à la fois bibliothèque et centre culturel, dispose de la plus grande salle de lecture au monde.

Les architectes ont repris le principe d'une unique salle, soutenue seulement par des colonnes dont les chapiteaux se terminent en fleurs de papyrus.

Le toit de la Bibliotheca Alexandrina prend la forme d'un disque réfléchissant la lumière, un hommage à Rê, le dieu du soleil égyptien. Sa façade porte à la fois des hiéroglyphes et des inscriptions gravés dans les 120 langues les plus connues.

LES SCRIBES

GARDIENS DU SAVOIR

Rôle et importance

- **Les scribes étaient au cœur de la société égyptienne,** chargés de maintenir les registres, de rédiger les correspondances officielles, et de conserver les textes sacrés et littéraires.
- **Leur savoir-faire leur conférait un statut élevé,** les exemptant souvent de taxes et de service militaire.

Formation rigoureuse

- Dès leur plus jeune âge, les futurs scribes entamaient un long apprentissage dans des écoles spécialisées, où ils apprenaient à maîtriser l'écriture, mais aussi les mathématiques, la géométrie et la loi.
- La maîtrise de l'écriture hiéroglyphique, hiératique et, plus tard, démotique était essentielle pour leur profession.

Outils du scribe

- **Papyrus :** Le support d'écriture le plus répandu, fabriqué à partir de la plante de papyrus, parfois coûteuse.
- **Ostraca :** Fragments de poterie ou de pierre utilisés pour des notes ou des exercices d'étudiants.
- **Encre :** Faite à partir de suie pour le noir et d'ocre pour le rouge, mélangée avec de la gomme arabique pour créer une substance qui adhère au papyrus.

- **Pierre à aiguiser :** Pour affûter les calames, assurant une écriture précise et soignée.

- **Calames :** Stylos faits de roseaux taillés, utilisés pour l'encre noire ou rouge. Le choix de la couleur d'encre avait souvent une signification symbolique ou pratique.

- **Palette de scribe :** Un support en bois ou en pierre, doté de fentes pour contenir les pains d'encre et d'un creux pour mélanger les couleurs. Ces palettes portaient souvent une petite cavité pour l'eau, nécessaire pour réactiver les pains d'encre séchés.

La vie quotidienne du scribe

- Les scribes travaillaient dans divers environnements, des temples aux bureaux administratifs, en passant par les chantiers de construction et les ateliers.
- En plus de leur travail d'écriture, ils jouaient souvent un rôle d'archiviste, conservant les documents importants pour les générations futures.

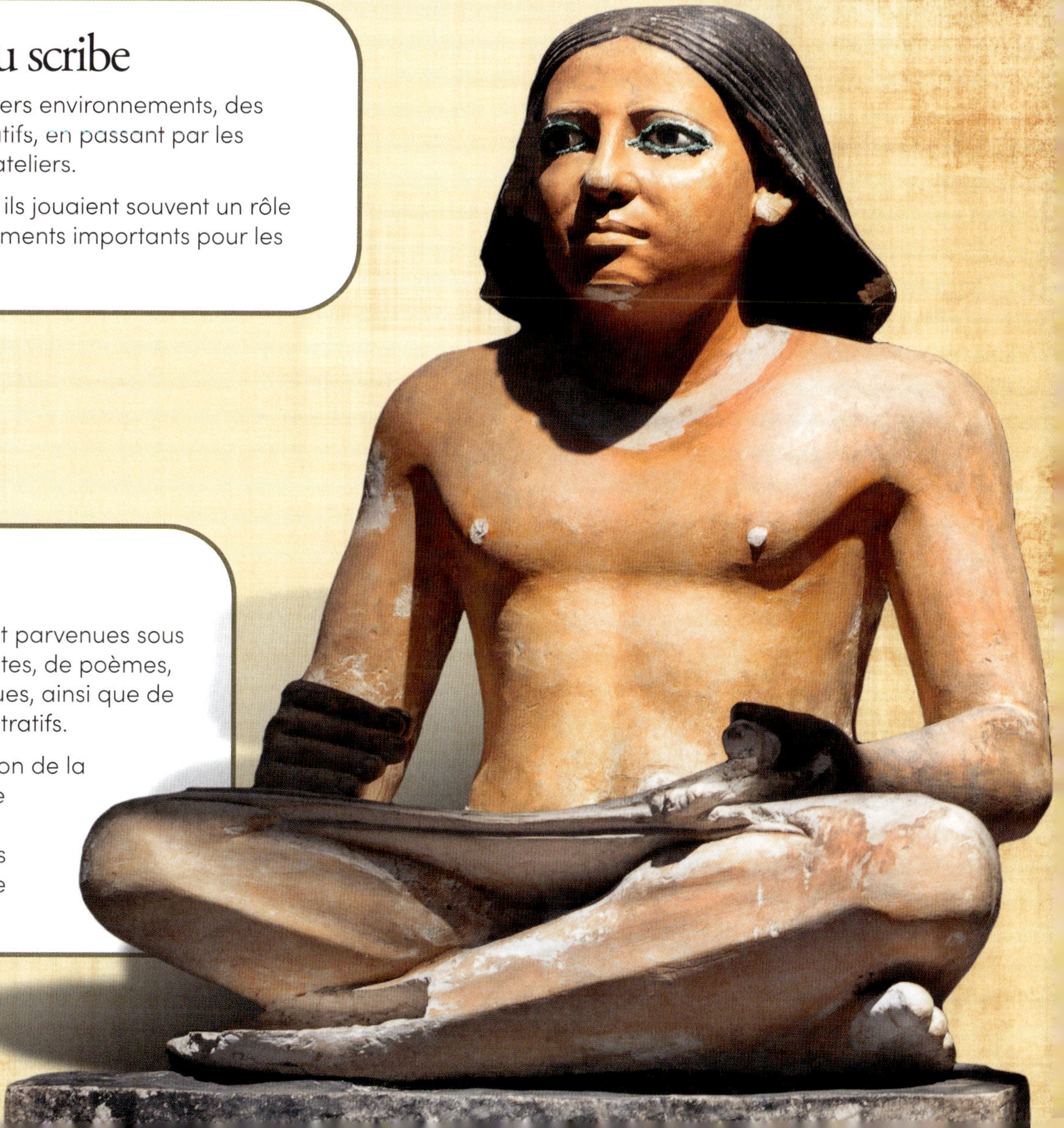

L'héritage des scribes

- Les œuvres des scribes nous sont parvenues sous forme de textes religieux, de contes, de poèmes, de traités médicaux et scientifiques, ainsi que de documents juridiques et administratifs.
- Leur contribution à la conservation de la culture et de l'histoire de l'Égypte antique est inestimable, offrant un aperçu précieux de la vie, des croyances et de l'organisation de cette civilisation.

La salle de lecture de la Bibliotheca Alexandrina couvre 20 000 mètres carrés et peut accueillir 2 000 lecteurs : c'est la plus grande salle de lecture du monde !

L'Alexandrina abritera jusqu'à 8 millions d'ouvrages... La France a d'ailleurs fait un don très important, en envoyant 500 000 livres, pour nourrir son fonds. C'est aujourd'hui la cinquième bibliothèque francophone la plus importante du monde ! Et elle accueille un million et demi de visiteurs chaque année.

L'Alexandrina possède, bien évidemment, l'édition rare de la fameuse *Description de l'Égypte*, réunissant les connaissances glanées par les 160 savants – géologues, mathématiciens, chimistes, ingénieurs, botanistes, etc. – qui accompagnèrent Napoléon lors de sa campagne d'Égypte menée entre 1798 et 1801. Une œuvre pharaonique ! Sa publication s'étale sur plus de 20 ans et comprend 22 volumes (9 de textes, 13 de planches). Une somme qui marque la naissance de l'égyptologie moderne.

La Bibliotheca Alexandrina est emblématique de l'égyptologie aujourd'hui : à la fois moderne et totalement en lien avec le grand passé de la civilisation antique égyptienne.

Malgré sa célébrité, le professeur Indiana Jones est bien loin de développer tous les outils et techniques des vrais archéologues. Grâce à leur travail sérieux et persévérant, ils nous révèlent petit à petit les richesses et les mystères d'une civilisation fascinante et tout à la fois proche de nous. Et qui sait combien de secrets nous attendent encore...

Frontispice de la seconde édition de La Description de l'Égypte.

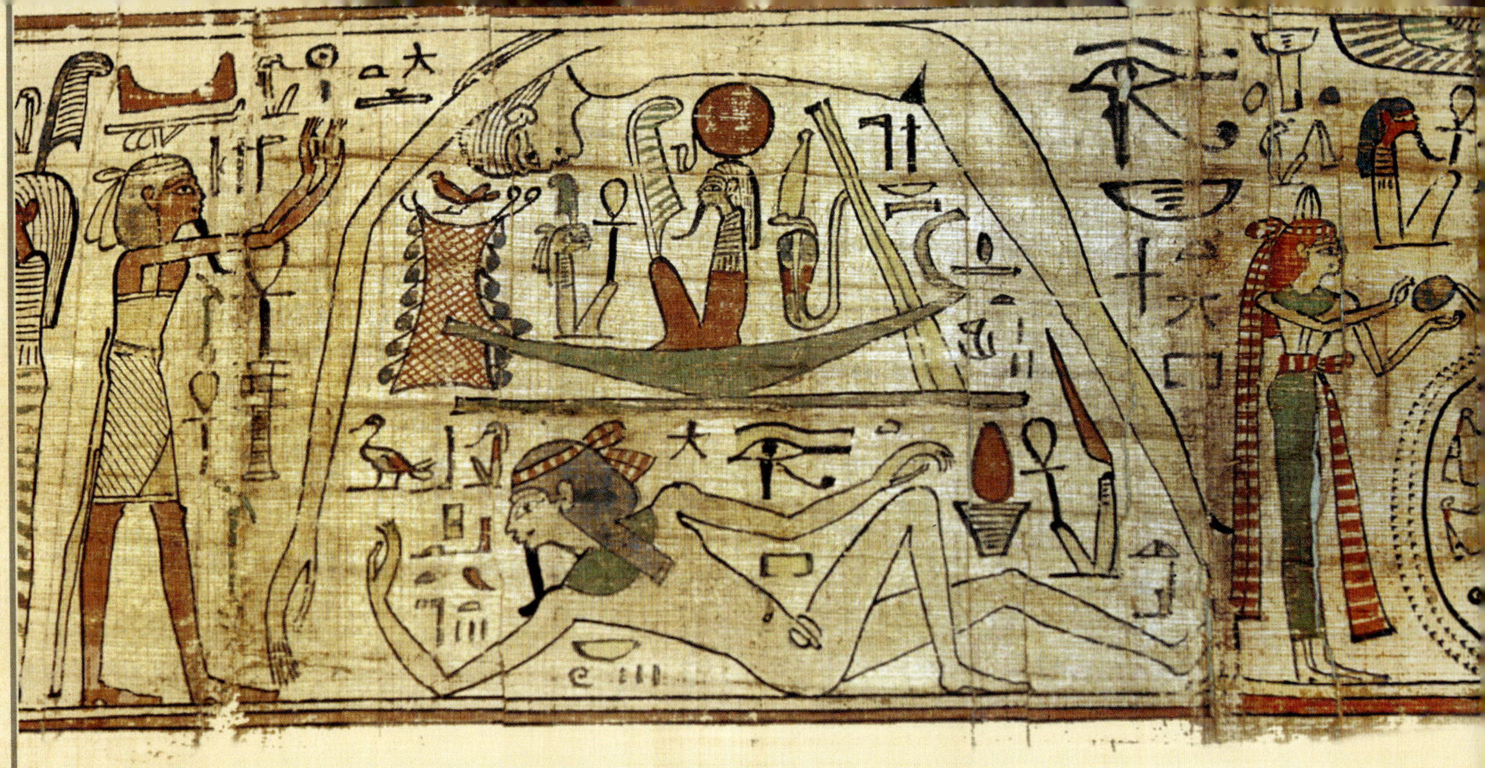

ORIGINE DU MONDE

SELON LA TRADITION ÉGYPTIENNE

Les légendes sur l'origine du monde ont varié au fil des siècles et des régions. Dans la version d'Héliopolis, dans le nord de l'Égypte, l'histoire commence avec l'apparition de neuf divinités émanant du chaos nocturne : Atoum-Rê, Chou, Tefnout, Nout, Geb, Osiris, Isis, Seth et Nephtys, appelés l'« Ennéade » d'Héliopolis. Cette cosmogonie souligne l'importance de la ville d'Héliopolis.

L'océan cosmique originel

Tout a débuté avec le Noun, un vaste océan englobant tout, avant que le concept du temps soit établi. Atoum-Rê (dieu-soleil), le tout premier dieu, émergea du chaos aquatique et créa Chou et Tefnout, représentants des forces primaires de l'air et de l'eau. Il est dit que le souffle de vie d'Atoum-Rê a donné le souffle de vie à tous les êtres vivants.

Dans ces eaux existaient aussi les forces destructrices sous la forme du serpent Apophis qui œuvrent pour le retour au chaos.

Création du ciel et de la terre

De l'union de Chou et Tefnout naissent Nout, qui s'étend pour devenir le ciel étoilé, et Geb, qui forme la terre ferme. Leur séparation par Shou marque la création de l'espace pour que la vie puisse prospérer. La voûte céleste de Nout est souvent représentée dans l'art égyptien, décorée d'étoiles, soulignant l'importance de l'astronomie dans la culture égyptienne.

La descendance divine

Nout et Geb donnent vie à une lignée de divinités importantes : Osiris, qui sera associé au renouveau et à la fertilité de la terre, Isis, qui deviendra la déesse de la magie et de la maternité, Seth, divinité de la force et du chaos, et Nephtys, gardienne de la mort et des funérailles. Ces relations complexes entre les dieux reflètent les aspects variés de l'existence et la manière dont les anciens Égyptiens cherchaient à comprendre et à expliquer le monde naturel et social.

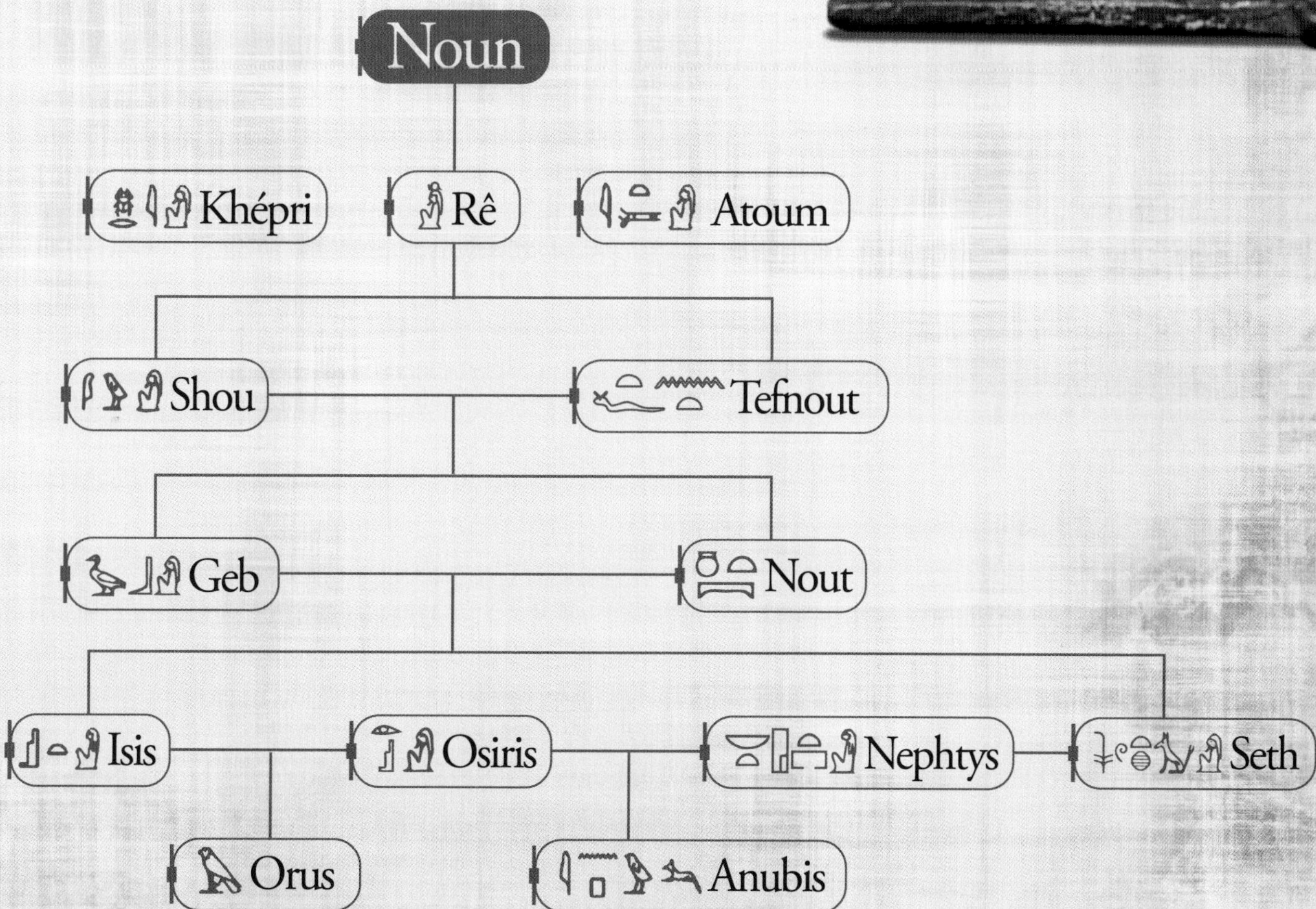

CHRONOLOGIE
DE L'ÉGYPTE ANCIENNE

-7000

PÉRIODE PRÉDYNASTIQUE

Nagada I

Nagada II

Nagada III

-3000 à -2700

PÉRIODE THINITE

Ire dynastie

Méni (Ménès)
HORUS NARMER
Horus Aha (Athothis, Atote, Teti)
Horus Djer (Kenkénès, Horus Zer, It, Iti, Itit)
Horus Ouadji (Ouénéphès, Horus Wadjy, Iterty, Ita)
Horus Den (Ousaphaïs, Horus Oudimou)
Horus Adjib (Miébis, Niebaïs, Horus Enezib)
Horus Sémerkhet (Sémepsès, Semenpsès, Semenptah)
Horus Qâ (Oubianthès, Bienechès, Horus Qaa, Horus Kaa)

IIe dynastie

Hotepsekhemoui (Hetepsekhmoui, Hotep)
Nebrê (Nebre, Reneb, Noubnéfer)
Nineter (Ninetfer, Binothris, Binthus)
Ouneg (Ouadnes)
Sénedj (Send)
Horus Sekhmeb (Tlas)
Seth Périb Sen (Péribsen Néferkarê)
Khâsekhmem
Khasékhemouy
Djadjay

UNIFICATION DE LA BASSE ET DE LA HAUTE ÉGYPTE

Hedjet
La couronne blanche de la Haute-Égypte associée au dieu Seth.

+

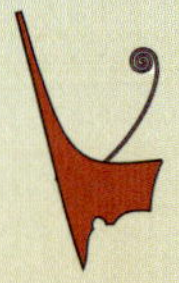

Decheret
La couronne rouge de la Basse-Égypte associée au dieu Horus.

=

Pschent
La double couronne portée par les pharaons.

« *Soldats, songez que du haut de ces pyramides, 40 siècles vous contemplent* », aurait lancé Bonaparte. En effet, se pencher sur la civilisation égyptienne, c'est plonger dans l'abîme d'un temps qui débute il y a 5000 ans !

-2700 à -2625

-2625 à -2200

ANCIEN EMPIRE

e dynastie

bka
nakht
ÉSER
khemkhet (Mésochris)
âba
ferkarê
uni

notep, chitecte pharaon ser.

Nécropole de Saqqarah.

IVe dynastie

SNÉFROU
KOUFOU (KHÉOPS)
Djédefrê
KHAÉFRÊ (KHÉPHREN)
MENKAOURÉ (MYKÉRINOS)
Chepseskaf

Ve dynastie

Ouserkaf
Sahourê
Néferirfarê
Chepseskarê
Néferefrê
Niouserrê
Menkaouhor
Djedkarê-Isési
Ounas

VIe dynastie

Téti
Ouserkarê
PÉPI Ier
Mérenrê Ier
PÉPI II
Mérenrê II
NITOKRIS ♀

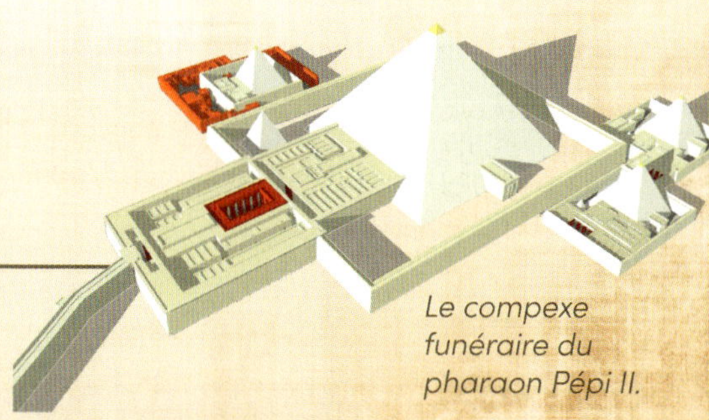

Le compexe funéraire du pharaon Pépi II.

-2200 à -2030

Ire PÉRIODE INTERMÉDIAIRE

VIIe dynastie

Netjerkarê
Menkarê
Néferkarê II
Néferkarê Neby (Néferkarê III)
Djedkarê Shemaï (Djedkarê II)
Néferkarê Khendou (Néferkarê IV)
Mérienhor Néferkamin (Menrenhor)
Néferkamin
Nykarê (Nikarê)
Néferkarê Tereru (Néferkarê V Tererou)
Néferkahor

VIIIe dynastie

Néferkarê Pepiseneb
Néferkamin Anou
Qakarê-Ibi
Néferkaourê
Néferkaouhor
Néferirkarê II
Sékemkarê
Ouadjkarê
Ity
Imhotep
Hotep
Khoui (Choui)
Isou
Iytenou

IXe dynastie

Méribrê Khéty Ier
Mérikaré
Néferkarê VII
Khéty II
Khéty III
Khéty IV

Xe dynastie

Khéty V
Khéty VI
Khéty VII
Mérikarê Ier

XIe dynastie thébaine

Mentouhotep Ier
Antef Ier
Antef II
Antef III

-2030 à -1780

MOYEN EMPIRE

XIe dynastie thébaine

MENTOUHOTEP II
Mentouhotep III
Mentouhotep IV

XIIe dynastie

Amenemhat Ier
Sésostris Ier
Amenemhat II
Sésostris II
SÉSOSTRIS III
Amenemhat III
Amenemhat IV
NÉFÉROUSÉBEK ♀

Et pendant ce temps-là...

La civilisation se développe en Mésopotamie (région située entre les fleuves du Tigre et de l'Euphrate, au nord de la Syrie et de l'Irak actuels). Après des périodes de guerre et d'instabilité, la région est divisée entre les empires babyloniens et hittites, qui créent leur propre système d'écriture. En Europe, les populations commencent à ériger des constructions de pierres (dont le célèbre Stonehenge) et à fabriquer des armes et outils en bronze. La civilisation mycénienne se développe dans la péninsule balkanique et y impose la langue grecque. En Asie, la civilisation de la vallée de l'Indus compte une centaine de villes et cités réparties dans l'actuel Pakistan, tandis que la Chine est dominée par la dynastie Shang. L'Amérique du Nord est peuplée de tribus nomades qui vivent de chasse, de pêche et de cueillette. De cette époque subsistent des vestiges d'immenses temples de pierre dans le golfe du Mexique, construits par la civilisation Olmèque, et d'autres plus tardifs au niveau de l'actuel Pérou, érigés par les Chavíns.

-1780 à -1550

IIe PÉRIODE INTERMÉDIAIRE

XIIIe dynastie

Sobekhotep Ier
Sobekhotep II
Sobekhotep III
Sobekhotep IV
Sobekhotep V
Sobekhotep VI
Sobekhotep VII
Sobekhotep VIII
Sobekhotep IX

XIVe dynastie Hyksôs

Antef IV
Mentouhotep V
Mentouhotep VI
Amenemhat V
Amenemhat VI
Amenemhat VII

XVe dynastie Hyksôs

Salatis
Yaqoub-Har
Khyan
Apophis Ier
Khamudi
Apophis II ?

XVIe dynastie Hyksôs

XVIIe dynastie thébaine

Antef V
Rahotep
Sobekemsaf II
Djéhouty
Montouhotep VII
Kamosé
Ahmose (Ahmôsis, Ahmès avant la réunification de l'Égypte)

-1550 à -1070

NOUVEL EMPIRE

XVIIIe dynastie

Ahmôsis Ier
Amenhotep Ier (Djéserkarê Amenhotep)
Thoutmôsis Ier (Âakhépérkarê Thoutmès)
Thoutmôsis II (Âakhepérenrê Thoutmès)
HATCHEPSOUT ♀ (Maâtkarê Hatchepsout)
THOUTMÔSIS III (Menkhépérrê Thoutmès)
Amenhotep II (Âakhépérourê Amenhotep)
Thoutmôsis IV (Menkhépérourê Thoutmès)
Amenhotep III (Nebmaâtrê Amenhotep)
Amenhotep IV (Néferkhépérourê Amenhotep) puis **AKHÉNATON**
Néfernéférouaton ?
Smenkhkaré
Toutânkhaton puis **TOUTÂNKHAMON**
Aÿ
HOREMHEB

XIXe dynastie

Ramsès Ier
SÉTHI Ier
RAMSÈS II
Mineptah
Séthi II
Amenmes
Siptah
Taousert ♀

XXe dynastie

Sethnakht
Ramsès III
Ramsès IV
Ramsès V
Ramsès VI
Ramsès VII
Ramsès VIII
Ramsès IX
Ramsès X
Ramsès XI
Hérihor

Thoutmôsis III, qui fut appelé « le Napoléon de l'Égypte antique » par l'égyptologue américain James Henry Breasted. Ce roi guerrier constitue le plus vaste empire que l'Égypte ait jamais connu.

La reine Tiyi, épouse d'Amenhotep III.

-1070 à -664

IIIe PÉRIODE INTERMÉDIAIRE

XXIe dynastie de Tanis
Smendès
Pinedjem Ier (co-Pharaon à Thèbes)
Amenemnesout
Psousennès Ier
Aménémopé
Osorkon l'ancien
Siamon
Psousennès II

XXIIe dynastie de Bubastis
Sheshonq Ier
Osorkon Ier
Sheshonq II
Takélot
Osorkon II
Takélot II
Sheshonq III
Pimay
Sheshonq IV

Dynastie des grands prêtres d'Amon à Thèbes, parallèle aux XXIe et XXIIe dynasties

XXIIIe dynastie de Tanis
Pétoubastis Ier
Ioupout
Sheshonq V
Osorkon III
Takélot III
Roudamon
Ioupout II
Osorkon IV

XXIVe dynastie de Tanis
Tefnakht
Bakenranef (Bocchoris)

-664 à -332

BASSE ÉPOQUE

XXVe dynastie koushite
Piânkhy
Shabaka (Chabaka)
Shabataka (Chabataka)
Taharqa
Tanoutamon (Tantamani)

XXVIe dynastie saïte
Nékao Ier
Psammétique Ier
Nékao II
Psammétique II
Apriès
Amasis
Psammétique III

XXVIIe dynastie perse
Cambyse II
Smerdis (Magi)
DARIUS Ier
XERXÈS Ier
Artaxerxès Ier
Xerxès II
Sogdianos
Darius II
Artaxerxès II

XXVIIIe dynastie
Amyrtée

XXIXe dynastie
Néphérités
Psammouthis
Achôris
Néphérités II

XXXe dynastie
Nectanébo Ier
Téos (Tachos)
Nectanébo II

XXXIe dynastie perse
Artaxerxès III
Arsès
Darius III

-332 à -309

PÉRIODE MACÉDONIENNE

ALEXANDRE LE GRAND
Philippe III
Alexandre IV

-309 à -30

DYNASTIE DES PTOLÉMÉES

PTOLÉMÉE Ier Sôter
Ptolémée II Philadelphe
Ptolémée III Évergète
Ptolémée IV Philopator
Ptolémée V Épiphane
Ptolémée VI Philométor
Ptolémée VII Néos Philopator
Ptolémée VIII Évergéte II
Ptolémée IX Sôter II
Ptolémée X Alexandre
Ptolémée XI Sôter II
Ptolémée XI Alexandre II
Ptolémée XII Néos Dionysos
Bérénice IV ♀
Ptolémée XIII Néos
CLÉOPÂTRE VII ♀
ArsinoéIV ♀
Ptolémée XIV Philopator II
PTOLÉMÉE XV Césarion

-30 à 641

PÉRIODE ROMAINE ET BYZANTINE

Et pendant ce temps-là l'Empire romain...

Comparée à l'histoire de l'Égypte, celle de Rome est extêmement courte, s'étalant de -753 à 476 de notre ère.

Alors que les dynasties chinoises prirent naissance aux environs de 2070 avant J.-C. pour se poursuivre jusqu'en 1912 (le dernier empereur meurt en 1967)...

CRÉDITS PHOTOGRAPHIQUES :

Wikimedia commons

Robster1983 : 13 (haut) ; Raul6 : 15 (haut gauche) ; Olaf Tausch : 16 (haut) ; Ferdinand Knab : 19 (droite) ; 22 (bas) ; Quatremère de Quincy / Jonund : 23 (haut) ; Marten van Heemskerck / Nuno Tavares : 23 (bas) ; Alexandre Marionnet : 28 haut ; Alonso de Mendoza : 30-31 ; Piotr Matyja : 32 gauche ; Rama : 34 gauche ; Jon Bodsworth : 34 gauche ; Owen Jones : 38 ; Marcus Cyron : 39 bas ; Dendera : 40-41 ; Philip Pikart : 44 ; Sailko : 45 ; GDK : 47 (haut) ; 50 (haut) ; Eternal Space : 51 (haut gauche) ; 55 (bas gauche) ; Gunawan Kartapranata : 51 (haut droite) ; Jeff Dahl : 51 (milieu droite) ; 51 (bas) ; 54 (haut) ; 55 (milieu droite) ; 55 (bas droite) ; FDRMRZUSA : 52 (haut) ; Hounefer : 60-61 ; 72-73 ; Neithsabes: 66 (haut gauche) ; Zetazo : 66 (haut) ; Rufus46 : 67 (bas gauche) ; Knhlhilee9898: 70 (haut gauche) ; Elena: 70 (haut) ; Ramsis1978 : 70 (bas gauche) ; Mbzt: 71 ; Heshbi: 71 ; Pharos: 71 ; Olaf Tausch : 71 ; 105 ; 106 (haut gauche) ; TeeVeeed : 74 ; File Upload Bot (Kaldari) : 75 (bas) ; 73 (bas droite) ; Crisco 1492 : 85 ; Jack1956 : 90 (gauche) ; Antoine-Jean Gros – Usenet : 95 (bas) ; Milky : 96 ; Robbot : 99 ; Bakha : 106 (haut droite) ; Rama : 110 (haut) ; Abdel Ghaffar Shedid, Matthias Seidel : 115 ; File Upload Bot (Eloquence) : 115 ; Franck Monnier : 119 (haut) ; Lawrence Alma-Tadema - blistar.net : 120 ; Elemar : 123 (haut gauche) ; Martin Doudoroff : 127 (bas droite) ; Dmitry Denisenkov : 128 ; Guillaume Blanchard, : 129 ; Merytat3n : 130 ; Pburka : 135 (bas droite) ; Manfred Werner : 136 (haut gauche) ; CarolSpears : 136 (haut droite) ; Marco Schmidt : 136 ; kairoinfo4u : 137 (bas droite) ; musée égyptologique de Turin : 138 (haut gauche) ; Rama : 138 (bas gauche) ; Vassil : 138 (bas droite) ; BotMultichillT : 147 (haut gauche) ; Per-Olow Anderson : 151 (bas droite) ; Joost Evers for Anefo : 154 (haut) ; Following Hadrian : 155 (haut) ; Neithsabes : 155 (bas) ; Gérard Ducher : 156 (bas gauche) ; Cris Foto : 156 bas droite ; Jastrow : 157 (haut droite) ; art database : 157 ; Fabien Bievre-Perrin : 158 ; Nous : 159 ; Giulio Parigi : 161 (haut) ; Kotra : 164-165 ; KoS : 166 (haut) ; 166 (bas) ; BNF Français 1584 fol. 309 : 168 (bas) ; Kaldari : 171 ; Carole Raddato : 172 (haut) ; Sdwelch1031 : 172 ; Jean-André Rixens : 177 ; Marie-Lan Nguyen : 174 (gauche) ; 174 (bas) ; Charles-Joseph Panckoucke : 179 ; 182-183 ; 184-185 ; MONNIER Franck : 186-187.

Shutterstock

Ahmed Miraj81643 : 8 ; AlexAnton : 10 (haut) ; 10 (bas) ; 12 ; 146-147 ; Zbigniew Guzowski : 10 (milieu) ; Travel S : 11 (haut gauche) ; Dmitrii Melnikov : 11 (haut droite) ; Cendrillon481 : 11 (bas gauche) ; Nick Brundle Photography : 11 (bas droite) ; 147 ; hemro : 15 (bas droite) ; 62 (haut) ; 76 ; 115 ; 177 (bas) ; Michael Oddi : 16 (bas droite) ; Massimo Pizzotti : 17 ; Martin Florent : 18 (haut) ; Kiev.Victor : 18 (bas) ; matrioshka : 26 (haut) ; Nick_Nick : 28 (gauche) ; Vlad Siaber : 32-33 ; ImAAm : 34 (bas) ; lensfield : 33 ; Franck Legros : 42 ; Jess Kraft : 42 (bas) ; Solodov Aleksei : 43 (haut) ; Fresnel : 43 (bas droite) ; Nourine Hussein : 46 (gauche) ; Jaroslav Moravcik : 46 (bas) ; Givaga : 47 (bas) ; VedranKrkic : 48 ; tan_tan : 50 (bas droite) ; 52 (bas droite) ; 55 (haut) ; 55 (milieu gauche) ; Daily Travel Photos : 56 ; BOOCYS : 57 (haut) ; Travel Family Adventures : 57 (bas) ; erichon : 58 (bas) ; Berk Ozdemir : 63 ; Marti Bug Catcher : 65 ; Andrea Izzotti : 75 (haut) ; WH_Pics : 79 (droite) ; Hannibal Joost : 80-81 ; Graficam Ahmed Saeed : 82 ; Joseph Sohm : 89 (haut) ; Stella sophie : 89 (bas) ; EWY Media : 97 ; Julija Sapic : 103 ; Matyas Rehak : 105 (haut) ; alonanola : 106 (bas) ; 108 ; Vladimir Wrangel : 107 ; Ewa Studio : 114-115 ; Cristian Zamfir : 135 ; Unai Huizi Photography : 140 (bas) ; Creativity lover : 142 ; ahmedfawzyelaraby : 143 (haut) ; Sue Martin : 143 (bas) ; spatuletail : 145 ; takepicsforfun : 148-149 ; rayints : 150-151 ; giannimarchetti : 151 ; Octasy : 154 (bas) ; 175 (bas) ; 176 (gauche) ; Denis---S : 178 (bas) ; N. Rotteveel : 181 (haut).

Alamy

Zuri Swimmer : 13 (haut droite) ; Science Photo Library : 17 (gauche) ; Universal Images Group North America LLC : 27 (bas) ; Zip Lexing : 32 (gauche) ; Marzolino : 38 (bas gauche) ; Archive Room : 39 ; The Picture Art Collection : 43 (bas droite) ; 88 (droite) ; Heritage Image Partnership Ltd : 45 (gauche) ; Classic Image : 50 (bas gauche) ; 89 ; Ivan Alain Guilleux : 86 (haut) ; Imagedoc : 90-91 ; Ivan Sebborn : 107 (haut) ; World History Archive : 114-115 ; 117 (haut) ; GRANGER - Historical Picture Archive : 121 (haut droite) ; Barry Iverson : 121 (bas) ; Penta Springs Limited : 137 (haut) ; Artefact : 142 (haut) ; Mike P Sheperd : 153 (haut) ; PRISMA ARCHIVO : 161 ; Ronald Sheridan : 178.

BNF

39 (haut) ; 51 (milieu gauche) ; 52 (milieu gauche) ; 53 ; 54 (milieu droite) ; 54 (bas) ; 100 ; 101 ; 104 ; 110 (bas).

Bridgeman Images

Bonhams : 22 (gauche) ; Greg Harlin : 25 ; Index Fototeca : 26 (bas); Twentieth century fox film corporation : 29 (haut) ; Christie's Images : 50 (bas gauche) ; 162 (gauche) ; Mary Evans : 67 (bas) ; 68-69 ; NPL - DeA Picture Library : 84-85 ; 127 (haut gauche) ; 177 (haut) ; The Maas Gallery London : 131 ; Stefano Bianchetti : 147 (haut droite) ; Photo Josse : 147 ; 162 (droite) ; 167 (haut).

MORGANE PRODUCTION / PROD & CIE

Images extraites de l'émission : « laissez-vous guider les merveilles de l'Égypte Antique », réalisée par Julien Faustino

14 ; 27 ; 64 (haut) ; 64 (bas) ; 66 (bas) ; 79 (haut droite) ; 88 (bas gauche) ; 94 ; 120 (bas) ; 121 ; 127 ; 128 ; 136 ; 139 ; 144 (bas) ; 156.

SEED FACTORY pour MORGANE PRODUCTION / PROD & CIE

14 ; 64 ; 20 ; 88 ; 121 ; 152 ; 156 ; 170.

Jean-Claude Golvin

40 (gauche) ; 119 (bas).

RMN

Musée du Louvre : 70 (bas droite) ; 98 ; 109 ; 111 ; 127 (haut droite) ; 129 ; 134
Musée d'Orsay : 126
Louvre-Lens : 137 (haut).

Autres

Museo Galileo : 6-7 ; ScanPyramid : 46 ; antikforever.com : 59 (haut) ; Photo courtesy – Egyptian antiquities ministry ; DR : 13 (bas) ; 24 (bas) ; 83 ; 94 (bas gauche) ; 100 (haut) ; 110 (bas) ; 120 (haut) ; 140 (haut) ; 146 ; 167 (haut) ; 171 ; 177 (bas).

Direction générale
Elsa Lafon

Direction éditoriale
Amanda Meiffret

Direction artistique
Gilles Legleye

Suivi éditorial
Maëlle Maigne et **Thomas Paillard**

Correction
Éléonore Mongiat et **Clara Féquant**

Avec la collaboration de
Alexis Charniguet

Presse
Anne Procureur

Fabrication
Christian Toanen et **Nikola Savic**

Photogravure
PressProd

ISBN : 978-2-7499-5003-7

Dépôt légal : Septembre 2024

LAF : 3236C

Achevé d'imprimer en Roumanie par Rotolito

14, boulevard de la Madeleine
75008 Paris

www.michel-lafon.com